Monseigneur Le Tourneur

ÉVÊQUE DE VERDUN

1757-1844

Par E. VINCENT-DUBÉ

PARIS
LIBRAIRIE S.-PAUL
6, rue Cassette.

BAR-LE-DUC
IMPRIMERIE S.-PAUL
36, boulevard de la Banque.

1926

LETOURNEUR

Monseigneur Le Tourneur

EVÊQUE DE VERDUN

1757-1844

Par E. VINCENT-DUBÉ

PARIS	BAR-LE-DUC
LIBRAIRIE S.-PAUL	IMPRIMERIE S.-PAUL
6, rue Cassette.	36, boulevard de la Banque.

DÉCLARATION DE L'AUTEUR

Conformément aux Décrets d'Urbain VIII et autres Souverains Pontifes, je déclare formellement qu'en donnant le nom de saint ou de martyr à certains personnages, je n'ai voulu en rien prévenir les décisions de la sainte Eglise, envers laquelle je fais profession d'une absolue et filiale soumission d'esprit et de cœur.

Evêché

de

VERDUN

✝

Mademoiselle,

Vous avez bien voulu me soumettre les « bonnes pages » de votre ouvrage « Mgr Le Tourneur ». Je les ai parcourues avec un très vif intérêt et une profonde édification.

Quel grand et saint Evêque ! Hélas ! il ne fit que passer à Verdun ; mais, en ces quelques années, de quelle empreinte il marqua son trop court passage !

Petit clerc, ensuite élève de Saint-Sulpice pendant la période la plus tragique de la Révolution, mêlé à ses événements et à ses horreurs, ayant vu de près le « massacre des Carmes », disciple, ou plutôt intime *Dirigé* de M. Emery, il se forgea une âme d'apôtre au milieu des martyrs, et faillit en partager le sort. Devenu plus tard le collaborateur de Mgr de Simony, évêque de Soissons, rappelé à Paris par Mgr de Quelen, tour à tour prédicateur et écrivain, il fut admirablement préparé à de plus hautes destinées. La Providence le réservait au diocèse de Verdun.

Il me plaît de noter que ce pieux Pontife restaura le sanctuaire et le pèlerinage de Benoîte-Vaux et fonda le petit Séminaire de Glorieux, dont la chapelle garde encore son cœur et ses restes.

Vous avez raconté tout cela avec autant de charme que de piété, et montré, une fois de plus, que vous savez manier la plume aussi bien que l'aiguille à « l'Œuvre des tabernacles ».

Je souhaite à votre bon livre plein succès et large diffusion dans mon diocèse et au dehors, et j'en bénis l'auteur en lui renouvelant mon respect, ma reconnaissance, et mon dévouement en Notre-Seigneur.

✝ Ch. Ginisty,
Evêque de Verdun.

Verdun, le 6 août 1925.
En la fête de la Transfiguration de Notre-Seigneur.

PRÉFACE

Si Monseigneur Le Tourneur eût été un de ces personnages que l'on nomme historiques et qui font époque, *nous n'aurions pas eu la témérité d'entreprendre sa biographie. Trop jeune pour être mêlé aux événements de la Révolution dont il fut témoin, sa vie est celle d'un bon séminariste, d'un zélé catéchiste, d'un vicaire fervent, d'un prédicateur semant partout la parole de Dieu, d'un vicaire-général vigilant et dévoué, d'un évêque enfin qui promettait d'être des plus remarquables il est vrai; mais ravi d'une façon prématurée à son diocèse, la mort ne lui laissa pas le temps d'y jeter de profondes racines ou du moins d'accomplir tout le bien projeté par son âme apostolique.*

Malgré tout, l'intérêt qui s'attache à sa per-

sonne, aux événements que lui-même a racontés et à ses œuvres, offre largement matière à autre chose qu'une courte notice. Mgr Le Tourneur a sa place marquée au milieu de cette phalange de prêtres vaillants qui vinrent après la Révolution, prêtres infatigables, gardiens des saines doctrines et propagateurs de la foi. Il est bon, ce nous semble, de conserver sa mémoire, de mettre en relief cette belle figure de l'épiscopat de laquelle s'honorent et l'Eglise et la France.

A notre époque où la terre tremble, où le monde s'agite, où les idées luttent entre elles, comme aux environs de 93, la vue d'un vaillant parmi beaucoup d'autres n'affermira-t-elle pas les courages, ne provoquera-t-elle pas l'espoir d'un renouvellement semblable à celui du siècle passé, plus beau et plus durable?

Nous avons conscience de notre infériorité. Toutefois nous avons fait les plus consciencieuses recherches, pensant à ces paroles du Saint-Père (1) *: « La première loi de l'histoire est de ne pas oser mentir ; la seconde de ne pas craindre de dire vrai ; en outre que l'historien ne prête au soupçon ni de flatterie ni d'ani-*

(1) Léon XIII. *Lettre sur les études historiques*, 18 août 1883.

mosité. » Puisse le lecteur trouver quelque intérêt à la lecture de ces pages; puisse — et nous le disons avec sincérité — une plume autorisée reprendre cette étude et la traiter aussi bien qu'elle le mérite.

Quant à nous, et pour ce modeste travail, nous conservons des sentiments de reconnaissance tout d'abord à feu M. le chanoine J.-B. Gilland, dont les indications nous ont été précieuses, nous ne saurions oublier son obligeance dévouée; à MM. les archivistes de l'Archevêché de Paris, des évêchés de Soissons, Rennes, du séminaire Saint-Sulpice, des archives nationales; à la famille du Comte de Nettancourt, à M. le chanoine Aimond, aux vénérés vieillards qui, ayant connu Mgr Le Tourneur, ont bien voulu rappeler leurs souvenirs et nous donner des notes qui nous permettent de citer des faits intéressants et inédits; à tous ceux, enfin, qui nous ont prêté leur concours de quelque façon que ce soit. Qu'ils trouvent ici l'expression de notre gratitude.

PREMIÈRE PARTIE

Un Séminariste sous la Terreur.

Monseigneur LETOURNEUR

ÉVÊQUE DE VERDUN

CHAPITRE PREMIER

Les premières années de Jean Le Tourneur. — Il entre chez les Petits Clercs de Saint-Sulpice. — Le Séminaire au temps de M. Emery. — Commencements de la Révolution. — Les alertes et les arrestations à Saint-Sulpice.

Augustin-Jean Le Tourneur (1) naquit à Paris, le 5 décembre 1775, de Nicolas Le Tourneur et de Charlotte-Claude Vallée (2). Ses parents moururent jeunes ; le petit orphelin fut confié à une religieuse (3), peut-être sa parente. A voir les heureuses

(1) Nous écrivons Le Tourneur en deux mots, tel que nous l'avons vu sur les documents authentiques.

(2) *Archives de la Ville de Verdun.* Acte de décès de Augustin-Jean Le Tourneur, 26 janvier 1844. — Nous n'avons pu trouver aucun renseignement certain sur sa famille. Les *archives de la Seine* ne font pas mention de Nicolas Le Tourneur. On trouve aux *Archives Nationales* un Nicolas Le Tourneur, scieur de pierre, décédé subitement le jour d'hier (7 octobre 1722) en l'église Saint-Pierre des Avois où il travaillait. Est-ce son grand-père ? Il demeurait rue des Deux-Anges et laissait de sa femme défunte, Marie Vauquelin, un enfant mineur appelé Jean-Nicolas ; peut-être le père de celui dont nous nous occupons ? *Procès-verbal d'apposition et levée des scellés après le décès de Nicolas Le Tourneur.* Papiers provenant de Charles Bizoton, commissaire du Châtelet.

(3) Pêcheur, *Annales du diocèse de Soissons*, t. 10.

dispositions et les vertus naissantes de l'enfant, on ne peut douter que cette âme consacrée à Dieu n'ait veillé sur lui avec un soin particulier et une sollicitude toute maternelle. Elle développa cette piété naïve que l'on remarquait en ses jeunes années ; tout petit, Jean manifesta le désir d'entrer au service de Dieu, il ambitionna le sacerdoce.

A cette époque, M. de Tersac, curé de la paroisse Saint-Sulpice, et M. Nagot, sulpicien, fondèrent, pour les enfants qui devaient entrer au Séminaire, ce que l'on appela la « Communauté des Clercs de Saint-Sulpice ». On y enseignait les humanités, à commencer par la quatrième, jusqu'à la philosophie. Pour les derniers cours, les élèves étaient conduits dans quelques grands collèges. Chaque dimanche, un directeur du Grand Séminaire venait donner les instructions religieuses. Tous les enfants, qui étaient alors une trentaine, portaient le vêtement noir et assistaient en habits de chœur, les dimanches et fêtes, aux offices de la paroisse (1).

Jean Le Tourneur avait dix ans quand il fut présenté au Supérieur, M. de Savine. Très intelligent, vif, pétulant, malicieux, il trouva dur tout d'abord d'avoir à se plier à la vie sédentaire et régulière telle que l'était celle des Petits Clercs ; mais sa fermeté de volonté commença à paraître,

(1) *Archives de Saint-Sulpice. Lettres, notes, récits de M. Le Tourneur au vénérable M. Faillon.* La plupart de ces notes ont été employées par M. Gosselin pour la « Vie de M. Emery ». C'est à cette source que nous puiserons souvent, en laissant parler M. Le Tourneur lui-même.

il devint bientôt l'un des meilleurs élèves. M. de Savine le prit en particulière affection. L'enfant ne fut pas ingrat ; il le lui prouvera bien pendant les jours douloureux qui vont suivre, lorsque ce prêtre fidèle sera captif pour la foi.

Quelques années se passèrent. Jean persévérait dans son désir de poursuivre ses études pour entrer au Grand Séminaire. Déjà la Révolution bouleversait Paris et la France. Et l'on disait de par le monde, aux aspirants du sacerdoce : « Prêtre ! vous n'y pensez pas ; voici venir le moment où les autels seront renversés. Il n'y a pas d'avenir pour le sacerdoce et qui sait si les persécutions et la mort ne vous attendent pas ? » Voilà le langage que tenaient beaucoup de gens aux vues humaines et pusillanimes. Ces craintes, il est vrai, étaient fondées. Elles n'entamèrent pas le courage du jeune Le Tourneur ; énergique autant que pieux, il accepta la prévision d'une lutte très proche, sa foi ne craignit point et son cœur attiré vers Dieu se donna tout entierà Lui.

Bien que n'habitant pas le séminaire, il avait de fréquents rapports avec le Supérieur général de la Compagnie de Saint-Sulpice, auquel il avait été spécialement recommandé (1). C'était alors le vénéré M. Emery ; et Saint-Sulpice, la grande œuvre de M. Olier, le type des séminaires de France, était dirigé de main de maître. L'on connaît le mérite de

(1) C'est ce qui explique comment il a été souvent témoin de ce qui se passait au grand Séminaire.

ces directeurs savants autant que simples, humbles autant que saints, et la forte empreinte que laisse dans les âmes de leurs élèves, l'éducation traditionnelle de leur fondateur (1).

Quand, en 1782, M. Emery avait été appelé à gouverner la Compagnie, le séminaire avait besoin d'une sérieuse réforme. « Les symptômes de relâchement, attribués à la révolution opérée dans les mœurs, s'étaient manifestés après la régence du duc d'Orléans (2). Les jeunes gens qui se préparaient à la prêtrise, sortant pour la plupart de familles nobles, avaient pris les habitudes du temps, et l'esprit du monde n'avait que trop pénétré dans la maison malgré la vigilance des maîtres. M. Emery y trouvait donc la frivolité, l'amour du luxe; la lecture des philosophes incrédules, la négligence dans les pratiques religeuses, l'esprit frondeur, faisaient de ce lieu de sanctification un séjour de scandale pour les bons séminaristes. L'un deux, vivement affecté du triste spectacle que présentait alors le séminaire, osa même s'en expliquer un jour en présence de toute la communauté, avec un accent de douleur qui émut profondément plusieurs de ses confrères. C'était *l'abbé Laneau du diocèse de Verdun* (3),

(1) « J'ai vu, à Saint-Sulpice, les miracles que nos races peuvent produire en fait de bonté, de modestie, d'abnégation personnelle. Ce qu'il y a de vertu dans St-Sulpice suffirait pour gouverner le monde. » Cardinal Mathieu, alors évêque d'Angers. *Disc. prononcé au G. Sém.* le 14 mai 1895.

(2) Gosselin. *Precis historique*, p. 76.

(3) Nous nous permettons de souligner.

alors prêtre, et non moins distingué par son excellent esprit que par le brillant succès avec lequel il parcourait la carrière de la licence. En faisant la *conférence spirituelle*, il en appela à la conscience des directeurs ; M. Bourachot, qui présidait, ne put s'empêcher de verser des larmes (1).

C'est alors que M. Emery, qui venait d'être appelé d'Angers à Paris, entreprit la réforme du séminaire. Les élèves fervents saluèrent avec joie sa nomination. Le saint prêtre poursuivit cette réforme avec une fermeté, une habileté, une persévérance qui le rendirent maître de la situation (2). A l'époque où Jean Le Tourneur entra à la communauté des Clercs (1786), les Séminaires étaient en pleine ferveur. Il fit de rapides progrès dans l'étude et dans la vertu. Voyant qu'avec de réelles qualités, le jeune élève montrait aussi des défauts qu'il fallait combattre, ses supérieurs y travaillaient avec autant de force que de suavité. Enfant, il amusait par ses reparties malicieuses, par son esprit prompt; souvent il s'emportait et manifestait de la brusquerie. Après quelques

(1) Gosselin, *Vie de M. Emery*, t. I, p. 158-9.

(2) Lire l'éclatante conversion de M. de Retz, mort en odeur de sainteté, racontée par M. Le Tourneur. *Vie de M. Emery*, I, 174 et suivantes : duquel M. Emery disait qu' « il embauma de sa vertu les quatre communautés ».

Ces communautés étaient : Les Petits Clercs, les Robertins, le Petit et le Grand Séminaire.

Les premières, composées de sujets appartenant aux classes moyennes de la société où l'éducation était plus mâle, l'ambition moins vive et l'esprit de foi mieux conservé, ne renfermaient pas les mêmes principes de décadence. Gosselin, *Précis historique*, p. 78.

années passées chez les Clercs, Jean Le Tourneur n'était pas devenu un ange, et la douceur ne pouvait être son fait. M. de Savine le lui faisait remarquer, tout en constatant quelques progrès ; M. Emery ne pouvait souffrir ce défaut d'emportement ; il lui faisait sentir combien c'était fâcheux que, charitable dans son cœur et dans ses procédés, il fût si souvent caustique dans ses paroles.

Aux observations du père vénéré, Jean promettait de veiller sur son caractère, de se corriger, sans toujours y réussir, avouons-le ; son esprit vif avait plus tôt lancé une parole qu'il ne s'en était aperçu ; alors, avec la bonne volonté qui l'animait, il devait pousser ce cri de détresse vers la sainte Vierge, son refuge habituel : « O Marie, obtenez-moi, je vous prie, de la Sagesse incarnée dans votre sein, la grâce de régler à l'avenir toutes mes actions et toutes mes paroles sur l'admirable modèle que me présente votre conduite (1). » Comme il avait bon cœur, ses camarades ne pouvaient s'empêcher de l'aimer, tout en redoutant ses critiques qui tombaient toujours juste sur un défaut ou sur un ridicule.

Ardent au travail, Jean était pieux aussi. Nous trouvons dans ses écrits des pensées, des prières qui révèlent l'intime de sa vie. Il avait, pour la Vierge immaculée, un amour tout filial ; il lui confiait ses peines, ses désirs : « O Vierge fidèle, écrivait-il, faites que mes anciennes infidélités soient effacées,

(1) Ces citations sont tirées des prières composées par M. Le Tourneur.

que je commence à correspondre à la grâce, à la faire valoir, à l'accroître sans cesse dans mon cœur... Vierge aussi prudente que prévoyante, obtenez que, dans le silence de la retraite, j'entretienne soigneusement la lampe ardente avec laquelle je dois m'avancer au-devant du céleste Epoux, et d'être, par lui, introduit au festin des noces de l'Agneau. »

Et encore : « Très sainte Marie, parfait modèle de toutes les vertus, surtout de celle qui est la plus agréable à Dieu et qui vous a mérité le glorieux titre de Vierge des Vierges, obtenez-moi une pureté de cœur et de corps que rien ne puisse ternir : que je devienne, comme vous, généreux dans mes sacrifices, constant dans mes résolutions. Par le pouvoir que Jésus-Christ vous a donné sur les âmes qui lui sont spécialement consacrées, par ce pouvoir particulier que je vous ai souvent conjuré et que je vous conjure encore de prendre sur moi, purifiez mes pensées, mes désirs, mes inclinations. »

« O Mère de la divine grâce, je ne vous demande ni les biens, ni les richesses, ni les faveurs du monde ; vous m'avez appris à les mépriser. Comme vous, je ne veux désirer, estimer et rechercher qu'une seule chose : la grâce de Dieu. »

« O Cœur sacré de la plus pure des Vierges, de la plus tendre des Mères, prenez pitié de moi ! Le monde me poursuit, mon imagination m'égare, mon cœur s'attache aux créatures. O Mère de grâce, de bonté, de lumière, de miséricorde et d'amour, je viens me réfugier dans votre sein ; gardez-moi, portez-moi, couduisez-moi jusqu'au port de l'éternité. »

Le sacrifice, la souffrance, les luttes que le jeune Le Tourneur entrevoyait en ces temps troublés où le sacerdoce était poursuivi par le sarcasme ou le mépris, la haine et la persécution déjà violente, n'épouvantaient pas toutefois son âme résolue à servir Jésus-Christ.

« Que je prépare, s'il le faut, écrivait-il encore, mon éternité dans la douleur et dans les larmes, pourvu que par votre intercession toute-puissante, ô ma Mère, ma tristesse se change enfin en joie. »

La tourmente, en effet, grondait aux portes de Saint-Sulpice.

Des alertes avaient effrayé les élèves dès 1789. Après le pillage de Saint-Lazare, tout était à craindre pour Saint-Sulpice. M. Emery s'efforçait de rassurer ses enfants.

« — Si les factieux viennent, leur disait-il, j'irai au-devant d'eux et je leur dirai : Voulez-vous boire et manger ? Voilà de quoi. Voulez-vous de l'argent ? Je vais vous en donner. Voulez-vous du sang ? Versez le mien, mais épargnez celui de ces enfants (1). »

La Providence et la présence d'esprit du Supérieur préservèrent l'établissement.

En 1790, les meneurs voulurent fêter le premier anniversaire de la prise de la Bastille ; ce qui fit, comme on le sait, grande rumeur à Paris. Les députés

(1) Gosselin, *op. cit.*, I, 225.

des provinces, à cette fête de la *Fédération*, étaient logés, par ordre, dans les maisons particulières. Saint-Sulpice en eut sa part (1). Des travaux gigantesques étaient commencés au Champ de Mars, où l'on attendait 300.000 spectateurs. 1.200 ouvriers y travaillaient, mais comme l'ouvrage n'avançait pas au gré des chefs de la manifestation, les commissaires de la section du Luxembourg firent appel aux élèves des Séminaires et aux étudiants.

Grande fut l'anxiété de M. Emery. Il ne pouvait, sans un réel danger, refuser le concours qui était sollicité. Réunissant les directeurs et les élèves, il leur fit part de la demande et les laissa suivre cet étrange cortège, composé de moines, de prêtres, de lévites, de religieuses, d'écoliers, de magistrats, de gens de la halle, de repris de justice et de courtisanes...

M. Le Tourneur, très frappé de ce spectacle, en fit plus tard le récit à M. Faillon : « M. Emery, dit-il, fit rassembler au son de la cloche les élèves des trois communautés, auxquels nous nous joignîmes parce qu'on avait fait venir les clercs au grand Séminaire. Nous étions environ 150 ; accompagnés de M. de Savine et de plusieurs directeurs, nous nous rendîmes au Champ de Mars. On nous avait fait placer en grandes lignes de douze et nous marchions de front

(1) On eut cependant l'attention de choisir les moins exaltés et de leur dire : « Messieurs, nous vous logeons chez les plus honnêtes gens de Paris, et nous ne sommes pas en peine de la conduite que vous y tiendrez. » Id., *ibid.*, I. 226.

dans les rues, au son du tambour ; les fédérés nous suivaient, M. de Pancemont, curé de Saint-Sulpice, fut obligé de venir avec nous, il était dans sa voiture, avec une pelle et une pioche placées aux portières. Arrivés au lieu du travail, après avoir donné quelques coups de bêche, on nous laissa partir. Les patriotes nous plaignaient d'être au séminaire et disaient à un élève qu'ils viendraient nous chercher le jour de la fête pour nous conduire au bal... Par bonheur, ils oublièrent cette promesse. »

On se contenta de cet acte de civisme patriotique sans jamais le redemander, malgré le mot du philosophe Maigeon : « L'intérêt général est que le prêtre soit avili (1). »

Vinrent alors les décrets du mois d'août qui proclamaient la *constitution civile* du clergé. L'épiscopat français, dont l'héroïque fermeté (2) offrit, en 1791, un si beau spectacle à toute l'Eglise, renfermait plus de *cinquante évêques* élevés à Saint-Sulpice, sous le gouvernement de M. Cousturier (3). Tous, à l'exception de Gobel (4)

(1) A l'Assemblée nationale 1790.

(2) M. de Bonald, évêque de Clermont, dès qu'il voyait adopter une mesure nuisible à la religion, s'écriait avec force : « Eussé-je mille glaives suspendus sur ma tête, je ne cesserais de dire : Je m'oppose ! » *Vie de Mme de Soyecourt.* Paris, Poussielgue, p. 193.

(3) Gosselin, *Précis historique*, p. 78.

(4) Gobel, plus tard évêque intrus de Paris, après le départ de M. de Juigné l'évêque légitime. En quittant son diocèse, M. de Juigné en avait remis l'administration à ses vicaires généraux et à M. Emery. Dans la plupart des diocèses, les vicaires généraux remplirent ce rôle important. C'est par leur dévouement et leur sagesse qu'ils conservèrent intact le dépôt que leur avait confié l'évêque légitime.

et de Talleyrand (1), protestèrent contre les décrets.

Mais le serment devait être exigé de tous les ecclésiastiques. Des agents se rendirent dans les paroisses de Paris pour le demander à chaque curé. A l'église Saint-Sulpice, les fidèles étaient si nombreux que les allées, les galeries du haut, les confessionnaux et les autels se trouvaient chargés de monde. Les Sulpiciens entouraient la chaire, les Clercs — parmi lesquels M. Le Tourneur qui nous en fait lui-même le récit (2) — avaient pris place dans le chœur.

« M. de Pancemont (3), avec calme et dignité, passe au milieu de la foule, monte en chaire et, aux cris qui s'élèvent du dehors, les portes étant restées ouvertes, commande le silence en étendant la main, puis, remerciant ses paroissiens de l'appui filial qu'ils lui prêtent, dit avec énergie :

Beaucoup d'entre eux furent de véritables héros, dit M. E. Beurlier. V. *Revue de l'Inst. cath.* de Paris, n° 1-1904.

On sait que Talleyrand était entré malgré lui au séminaire. Voir sur son séjour à Saint-Sulpice : *Mémoires du prince de Talleyrand*, publiés par le duc de Broglie. Calmann Lévy, t. I.

(1) La consécration sacrilège faite par Talleyrand de deux évêques du Finistère et de l'Aisne, 24 février 1791, fut le prélude de celles qui eurent lieu, depuis, dans l'espace de trois ou quatre mois : tous les sièges établis par la nouvelle constitution se trouvèrent occupés par des intrus. Picot, *Mémoires*, VI, 78.

(2) Voir aussi P. de la Gorce. *Hist. rel. de la Rév. Franç. I, 363, 364.*

(3) M. de Pancemont devint, sous l'Empire, évêque de Vannes. Les *Annales Catholiques* de 1797 n° 39, p. 85, disent de lui : « Tous bénissaient ce père des pauvres qui, non content de leur distribuer cent mille écus d'aumônes chaque année, consacrait encore en bonnes œuvres son riche patrimoine et faisait, à lui seul, plus de bien dans un mois que les douze comités de bienfaisance de Paris n'en ont fait depuis six ans. »

« — Le serment est contraire à ma conscience. Je ne le prêterai jamais. »

A ces mots, ce sont des rumeurs sourdes ; puis on entend :

« — Le serment ! le serment ! »

Le pasteur renouvelle sa protestation avec force. Alors la foule extérieure s'élance dans l'église et la garde nationale, qui se trouve sur la place, l'excite encore. C'est un tumulte indescriptible. Les énergumènes veulent s'emparer du curé que les prêtres et les fidèles défendent : bousculé, épuisé, ému par les vociférations, M. de Pancemont est soutenu par ceux qui l'approuvent et lui font un rempart de leurs corps au milieu des poignards des émeutiers détournés par les deux suisses (1). C'est à grand'peine qu'on le ramène à la sacristie où il perd connaissance entre les bras de ses vicaires. »

Le bon pasteur dut se réfugier en Allemagne. La paroisse Saint-Sulpice, privée de son clergé légitime, fut envahie par les intrus. Des scènes du même genre eurent lieu dans presque toutes les autres paroisses de Paris.

Pas un seul Sulpicien ne prêta le serment (2). La communauté se dispersa en partie en 1791. Ayant reçu les sages instructions de leur vénérable supé-

(1) L'un des Suisses, qui firent alors si bien leur devoir, s'appelait Eglé, l'autre Josse. Ce dernier devint plus tard révolutionnaire et fut même président d'un club.

(2) « Aucun Sulpicien ne prêta le serment », affirme M. Le Tourneur. Même affirmation dans : Barruel, *Hist. du clergé pend. la rév.* I, 240. Jager, *Hist. de l'Egl. de Fr. pend. la rév.* III, 312, etc.

rieur, chacun des membres alla, soit à l'étranger, soit dans un coin perdu de la France. Il en fut ainsi de tous les Séminaires dirigés par les prêtres de Saint-Sulpice. On cite, à Lyon, la belle conduite des séminaristes lorsque leurs chers maîtres durent quitter Saint-Irénée, et la fermeté qu'ils montrèrent en face des religieux assermentés qui leur succédèrent. C'est là qu'un vieillard, M. Petit, passant le seuil de la maison où il s'était si longtemps dévoué, fut interpellé par un factionnaire. (Il portait un petit paquet sous le bras.)

« — Citoyen, qu'est-ce que vous emportez ?

« — J'emporte mes cheveux blancs, mes cinquante années de ministère et mes quatre-vingts ans (1). »

Quant à M. Emery, il resta à Paris, dans son séminaire avec les directeurs, et conserva quelques élèves. M. de Savine demeura aussi à son poste ; M. Le Tourneur était toujours parmi les Clercs. Le décret de banuissement des prêtres fidèles ne devait paraître que plus tard : craignait-on, en les expulsant immédiatement, d'exaspérer les catholiques ?

Mais le temps n'était guère propice aux études. Il était devenu impraticable de conduire les élèves aux cours de Navarre et de Sorbonne ; la théologie seule était enseignée à Saint-Sulpice. La municipalité n'avait pas demandé à ces Messieurs de prêter le serment. Paris venait d'être divisé en

(1) Cité par **Mgr Méric**, *op. cit.*

48 sections ; le séminaire fut désigné pour installer celle du Luxembourg. M. Emery, dans l'intérêt de son œuvre, fit bon accueil aux délégués ; il leur abandonna une partie de la maison qui fut convertie en salle de délibération et en corps de garde. C'était un ennui et en même temps une sauvegarde ; la condescendance dont il usait envers les chefs de la section l'autorisait à leur réclamer avec confiance certaines précautions très nécessaires, et il avait la consolation de voir qu'on accueillait ses désirs, soit pour fixer l'heure des réunions, soit pour diminuer, autant que possible, le bruit qui les accompagnait — nous fait remarquer M. Le Tourneur, dans son récit des événements.

Au début, cette cohabitation fut supportable ; mais quand les révolutionnaires, hommes et femmes, envahirent l'établissement, s'installèrent dans les chambres et ne laissèrent à la communauté qu'un logis trop étroit, d'où elle entendait le tumulte, les voix avinées et les chants, ce fut une inquiétude poignante pour le Supérieur général. « Hélas! disait-il avec douleur, on nous chasse peu à peu du Séminaire (1). » Mais, fait observer Mgr Méric, la résistance eût été inutile, et la présence de la section du Luxembourg, dans l'établissement ainsi affecté à un service public, devait sauver cette maison des sévérités de la loi et d'une

(1) Gosselin, *op. cit.*, I, 239.

aliénation qui aurait laissé M. Emery dans un grand embarras (1).

Il était disposé à tout ce que la conscience lui permettrait pour sauver l'œuvre dont il avait la responsabilité. A l'occasion de la prise de possession de Gobel, l'évêque intrus de Paris (27 mars 1791), la municipalité avait ordonné de sonner toutes les cloches des églises et chapelles aussitôt qu'on entendrait le bourdon de Notre-Dame. M. Emery, malgré sa grande répugnance à se soumettre à cet ordre, ne pouvait se soustraire à une formalité indifférente en elle-même ; il fit retarder l'heure de l'examen particulier jusqu'à ce qu'on entendît les cloches du voisinage ; alors on sonna, comme d'habitude, l'exercice, et les élèves, qui comprirent bien cette petite ruse, ne pouvaient s'empêcher de sourire en se rendant à l'examen (2).

Un peu après, les commissaires du Luxembourg vinrent prier M. le Supérieur d'envoyer les élèves à la procession du Saint Sacrement, le jour de la Fête-Dieu (12 juin) (3). Il répondit qu'il leur ferait

(1) Mgr Méric, *op. cit.*, I, 183.

(2) Gosselin, *op. cit.*, I, 259.

(3) Les processions se faisaient encore dans les rues pendant la Révolution. En 1790, le roi et l'assemblée nationale assistèrent à celle de la Fête-Dieu : il y eut reposoir au Louvre et station aux Tuileries. Rudemare, *Journ. d'un prêtre parisien*, Paris-Gamme, p. 24. — Les années suivantes, les processions sortirent également : celle de l'Assomption fut supprimée en 1792. Mais depuis qu'elles étaient conduites par les curés intrus, les fidèles, qui le pouvaient, s'abstenaient d'y paraître. Les messes de minuit furent même célébrées à Noël 1793. La foi des Parisiens qui s'agenouillaient sur le passage du Saint Sacrement en pleine Terreur, répondait.

part de l'invitation. La veille, après la prière du soir, M. Emery parla en ces termes :

« — Messieurs, je dois vous avertir que les commissaires de la Section sont venus vous inviter à assister demain à la procession de Saint-Sulpice. Chacun de vous sait ce qu'il a à faire. »

Sans s'être concertés, tous les séminaristes demandèrent la permission de sortir ce jour-là et ne rentrèrent que le soir. Des malveillants, s'en étant aperçus, cherchèrent à ameuter le peuple contre la maison ; ils n'y purent réussir, le faubourg Saint-Germain avait trop de sympathie pour le Séminaire.

Mais c'était au dedans et au dehors, raconte M. Le Tourneur, des alertes continuelles. M. Emery réunit un jour les élèves et leur fit part de ce qui venait de se passer :

Un commissaire s'était présenté, demandant le supérieur.

« — Reconnaissez-vous, lui dit-il, M. Gobel pour évêque métropolitain de Paris ?

« — Non. C'est M. de Juigné qui est l'archevêque légitime, je n'en connais pas d'autre.

« — J'ai ordre de mettre les scellés sur les portes de la chapelle.

« — Je vous prie d'attendre à demain et de me laisser le temps de retirer le Saint Sacrement. »

M. Le Tourneur, qui se trouvait là, ajoute : « Nous

selon la réflexion d'un historien, à celle de nos paysans qui assistaient à la messe au fond des bois et dans les granges de nos villages.

descendîmes tous dans les caveaux de la chapelle et, après quelques instants d'un silence que rien n'interrompait, nous priâmes à haute voix sur les tombes des chefs illustres de la Compagnie, en demandant à Dieu de préserver ces restes sacrés, de ne pas les livrer aux mains des profanateurs. »

Réconfortés à la pensée des saints prêtres, leurs devanciers, et par leur intercession, maîtres et élèves sortirent lentement de cette chapelle qui fut fermée le lendemain.

Fait étrange : M. Emery sauva ses papiers et objets précieux en les faisant porter dans la maison de Voltaire (1), habitée par une de ses cousines.

La plupart des séminaristes retournèrent dans leurs familles. Quant à M. Le Tourneur, Saint-Sulpice était sa famille, il resta. Et nous trouvons, dans *ses prières*, ces pensées qui, si elles n'étaient pas énoncées à l'époque dont nous parlons, résidaient dans son cœur : « O bon Pasteur, faites que je sois brebis fidèle en

(1) Mme de Villette, sa parente, grande admiratrice de Voltaire, convertie dans la suite à de plus justes idées, avait l'usufruit d'une maison dans laquelle il était mort. Cet immeuble gardait un tel prestige que les révolutionnaires n'osèrent jamais y perquisitionner. Le bruit courait que la dernière volonté de Voltaire était que *sa chambre restât fermée pendant quarante ans après sa mort.* (Pailler de Varcy, *Vie de Voltaire*, I, 392, cité par M. Gosselin.) — M. Emery en profita. Mme de Villette donna de si nombreux témoignages de dévouement à son cousin, qu'il aimait à dire qu'elle était « toute bonté ». On sauva aussi d'autres objets précieux, entres autre des manuscrits, la chasuble et l'ostensoir de M. Olier, *son cœur* : les ossements de S. Vincent de Paul, le lit de saint Charles Borromée, en les confiant à d'autres personnes. Quant à la bibliothèque qui contenait 26.000 volumes, il fut impossible de la préserver du sort des autres bibliothèques des Communautés religieuses qui, sous le Directoire, furent entassées dans les dépôts publics. Gosselin, *op. cit.*, I, 271.

attendant que je puisse être moi-même pasteur vigilant, intègre et dévoué. Donnez, mon Dieu, à votre Eglise, des Pasteurs selon votre Cœur, et que ce soit vous-même que je voie et que j'écoute en eux. Donnez-moi une entière docilité à tout ce que vous direz ; que mes oreilles soient toujours fermées à ce que les *étrangers*, le démon, le monde et les *enfants de l'erreur* voudraient m'enseigner et m'insinuer de contraire à votre doctrine et d'opposé à votre loi. Que jamais je n'agisse par mon propre esprit ; que votre vie soit la règle de la mienne. Que je sois toujours content de ce qu'il vous plaira d'ordonner de moi. Que j'aime à entendre votre voix de quelque manière qu'il vous plaise de me parler, soit par vos inspirations, par votre Evangile, soit par vos ministres, soit par vos consolations, soit même, s'il le faut, par vos rigueurs... Que je vous connaisse selon tout ce que vous êtes pour moi, ô mon Sauveur, et que cette connaissance m'embrase d'amour pour vous ! »

Fort de sa confiance en Dieu, il s'éleva dans son âme au-dessus des tristes choses de la terre, fermement résolu à conserver intacte sa vocation. Il était à bonne école et l'exemple de ses directeurs, qui étaient des pères pour le jeune Le Tourneur, le fortifiait dans ses résolutions. « Si Dieu a livré le monde aux disputes des hommes, écrivait-il plus tard, et à leur méchanceté, particulièrement au temps où nous sommes, il nous a donné, dans sa parole et dans l'autorité chargée de nous diriger, un régulateur infaillible et un secours puissant pour nos âmes. »

Cependant les événements se précipitaient. « Déjà, écrivait le P. Lanfant le 9 avril 1791, on a célébré des messes, à Paris, dans les églises souterraines ; déjà, on les dit en secret et à la dérobée ; déjà, ce matin, j'ai vu un très vertueux prêtre en habit séculier. Il n'y a plus que le sang des ecclésiastiques à répandre, ce qui, peut-être, ne tardera pas (1). Un bruit courant, écrivait-il encore, est que non seulement on soudoie de nombreuses troupes de brigands, mais qu'on a acheté fort cher quelques personnages dont on avait besoin, et qui, sûrement, ne valent pas l'argent qu'ils coûtent par cela même qu'ils se vendent (2). »

Le 6 avril 1792, le port du costume ecclésiastique fut défendu par décret de l'Assemblée législative (3). Le 10 août, les Tuileries furent prises, saccagées, et les Suisses massacrés. Le 26 août, parut le décret de bannissement des prêtres non assermentés (4). Le 2 septembre... Arrêtons-nous à cette date, et parlons des jours qui la précédèrent.

Le lendemain des scènes lamentables qui se passèrent aux Tuileries, les Clercs de Saint-Sulpice, réunis autour de M. de Savine qui leur faisait une

(1) H. Fouqueray, *Etudes*, 5 octobre 1905.

(2) Id., *ibid.*

(3) *Almanach historique de la Révolution.*

(4) Tallien disait alors : « Nous avons fait arrêter les prêtres *perturbateurs*... Sous peu de jours, le sol de la patrie sera purgé de leur présence. »

exhortation, attendaient dans l'anxiété les suites de ces jours sanglants. Tous se confessèrent pour se préparer à la mort. « Nous voyons entrer, raconte M. Le Tourneur, M. Dubourg (1) qui venait d'Issy, déguisé en ménétrier : habit vert, manches courtes, coiffé d'une perruque et un violon sous le bras. A cette vue, nous oublions nos frayeurs et nous éclatons de rire. Il venait chercher un refuge parmi nous; mais la maison n'était plus sûre : il se retira aussitôt près de la Sorbonne où on ne le chercha pas. Depuis l'intrusion de Poiré, comme curé de Saint-Sulpice, nous n'allions plus aux offices dans la paroisse, nous partions, du samedi au lundi, pour Issy, chez M. Dubourg.

« A peine nous eut-il quittés, que nous entendons des cris violents à la porte de la communauté. Une bande de brigands, armés de piques, de poignards, de sabres, essaie d'enfoncer la porte. Ils entrent en jetant des cris furieux et portant au bout de leurs sabres des lambeaux des vêtements sanglants de leurs victimes. Nous sommes rassemblés dans la cour, pendant que les principaux d'entre eux fouillent toute la maison et, trouvant sur le bureau de M. de Savine des numéros du journal l'*Ami du roi*, les jettent par la fenêtre. Ils font prisonniers M. de Savine, M. Boubert et les élèves de Rest et Le Tellier. »

A Issy, les mêmes scènes se produisent plus

(1) M. Dubourg était supérieur de la maison des *Petits Enfants* fondée par M. Nagot, 20, rue des Noyers, à Issy.

lamentables et plus affreuses, ainsi qu'à la communauté des Robertins (1). Les séminaristes furent relâchés pour la plupart et ramenés à Vaugirard, tandis que les directeurs étaient conduits aux Carmes.

(1) Les Robertins, ainsi appelés du nom d'un des principaux bienfaiteurs de l'établissement, M. Robert. C'était l'une des annexes du grand Séminaire avec lequel ces annexes communiquaient. Voir le plan qui se trouve au t. II, de la vie de M. Emery par M. Gosselin. Ces établissements avaient chacun leur maison de campagne, les philosophes, à Issy, dans l'emplacement qu'occupe aujourd'hui la *Solitude :* les autres à Vaugirard.

CHAPITRE II

La visite de M. Le Tourneur aux Carmes. — Le 2 septembre. — Les directeurs et séminaristes martyrs. — Danger que court le séminaire. — Les élèves sont dispersés.

Le jeune Le Tourneur était sans cesse par la pensée et par le cœur avec ses maîtres vénérés, incarcérés dans la maison des Carmes. « Cette prison était l'une des plus pénibles de Paris; les détenus y étaient mal logés, mal nourris et durement traités. Rarement ils avaient la jouissance d'un air salubre; les fenêtres, bouchées aux trois quarts, laissaient pénétrer le jour avec parcimonie, et le peu d'ouvertures étaient garnies de forts barreaux de fer (1). Les prisonniers passèrent les premières nuits couchés sur les dalles de l'église ou assis sur les marches du sanctuaire; au bout de quelques jours seulement, on leur fournit des matelas, puis, sur l'ordre des médecins, on les autorisa à passer une heure le matin et le soir dans le jardin, pour empêcher les accidents que ne pouvait manquer de produire l'entassement de 200 personnes dans un espace étroit et mal aéré (2). »

(1) Mme de Soyecourt, *op. cit.*, 298, 9.
(2) Pisani. *La Maison des Carmes*. Paris, Poussielgue-38.

M. Le Tourneur résolut de tenter l'impossible pour les visiter. Ayant appris qu'un ancien perruquier du séminaire était devenu commissaire du gouvernement et se trouvait aux Carmes, il alla le voir. Cet homme avait conservé un bon et même affectueux souvenir du personnel de Saint-Sulpice. Comme un autre saint Jean introduit jadis dans la maison de Pilate par un serviteur, Jean Le Tourneur obtint, de ce valet du gouvernement, l'entrée de la prison des Carmes.

A neuf heures du soir, après l'inspection du service, il vint consoler ceux qui étaient prisonniers pour la foi. Ce jour-là, des nouvelles favorables à leur sort avaient circulé dans Paris ; heureux de les leur communiquer, le jeune clerc essayait d'ouvrir leurs cœurs à l'espérance de jours meilleurs et d'une prochaine délivrance.

« — Non, mon enfant, lui dit M. Tessier, nous ne sortirons pas d'ici. »

M. de Savine l'entretint avec effusion, lui confia ses dernières volontés et l'embrassa longuement comme pour lui faire un paternel et dernier adieu.

C'était le soir du 1er septembre.

On sait ce qui arriva le lendemain.

« Tous les travaux sont suspendus, raconte un témoin, les maisons désertes, la foule remplit les rues. On s'interroge avec effroi. Personne ne répond. Tout à coup le canon tonne, le tocsin fait entendre des tintements inégaux, on bat la générale dans tous les quartiers. Les municipaux à cheval avec de larges banderoles de rubans, parcourent les rues, précédés d'une populace déguenillée. Le drapeau noir flotte sur les tours de Notre-Dame... Aux armes! aux armes! On n'entend plus que ces cris... Aux armes! l'ennemi s'avance... Aux armes! Verdun est pris... Tout à coup apparaît la figure de Maillard, traînant après lui, comme au 10 août, un peuple d'ouvriers armés d'épées, de fusils, de bâtons, de pierres. On s'arrête pour l'interroger.

« — Aux armes! répète-t-il, en agitant son sabre et en frappant les cailloux dont il tire à chaque instant des étincelles... Aux armes!

« — Oui, oui!

« Pour marcher sur les frontières?

« — Non.

« — Et où donc?

« — Aux prisons! aux prisons! C'est là que sont nos ennemis. Aux prisons! Courons aux prisons!

« — Aux prisons! répète la foule qui se presse derrière Maillard.

« Je crois sortir d'un rêve en entendant ce terrible appel. Je m'approche des groupes et je demande à un de ces hommes à figure sinistre où le cortège va se diriger.

« — Vous n'entendez donc pas?... me crie-t-il, aux prisons!

« — Et à quelles prisons?

« — Aux Carmes, à l'Abbaye (1)... »

(1) Monnel. *Mémoires d'un prêtre régicide*, 2 vol. in-8, 1829. Paris Martin.

Quand un peuple a perdu le sens commun (1), ne peut-on pas craindre les plus grands excès, n'est-il pas situation plus critique pour les individus et pour la nation ?

Nous ne narrerons pas cet affreux massacre ; nous dirons seulement que les Directeurs des différentes Communautés de Saint-Sulpice et les condisciples de M. Le Tourneur furent, ce jour-là, des martyrs, comme la sainte Eglise va en décider : MM. de Savine, Dubrai, Massin, Ponthus, Galais, de Cussac, Hourrier, Psalmon, Boubert, *diacre,* de Lézardière, *diacre,* de Ravinel, *diacre,* Thierry, *acolyte*, Nézel, simple *tonsuré,* et M. Tessier, ce dernier frappé par un jeune homme qu'il avait autrefois préparé à la première communion.

« — Quoi ! c'est vous, mon enfant ! » dit-il.

Et il tomba foudroyé, cite avec émotion M. Le Tourneur.

Il raconte également la délivrance du jeune de Rest. « A l'arrivée des forcenés, de Rest, qui se trouvait au jardin, grimpe sur le mur ; il s'accrochait à un barrage en bois quand il reçut un coup de feu ; sautant de l'autre côté du mur, il descend dans une cour et voit un jardinier. Ce misérable, une faux à la

(1) Il en était de si pervertis que, pour eux, dénoncer un prêtre devenait un métier. On raconte qu'une femme chrétienne, soupçonnée de donner asile à des ecclésiastiques, entendit un jour sonner fortement à sa porte, et vit un mendiant qui lui dit :

— Madame, pourriez-vous m'indiquer un prêtre que j'aille dénoncer ?

— Malheureux ! pouvez-vous me faire une telle demande ?

— Que voulez-vous ? Quand on a besoin de gagner sa vie, il faut bien trouver un peu d'argent.

main, s'élance pour le massacrer, quand sa femme et ses enfants, qui ont vu le mouvement, lui saisissent le bras et le désarment. Grâce à eux, il fut sauvé. »

Ce qui frappait le plus M. Le Tourneur, c'était la mort courageuse et glorieuse des élèves de Saint-Sulpice, ses aînés : M. de Lézardière, Thierry, de Ravinel, M. Boubert surtout, jeune diacre, qui était directeur chez les Clercs et avec lequel il avait eu des rapports si fréquents. Depuis quelques années, leur *procès de béatification* est instruit. Ce n'est pas sans une profonde et respectueuse émotion que nous citons ces paroles solennelles dans leur simplicité (1) :

« C'est la vérité que Louis-Alexis-Mathias Boubert, né à Amiens, le 24 février 1766, termina ses études ecclésiastiques au Séminaire Saint-Nicolas-du-Chardonnet, et fut diacre en 1791. Il était directeur à la maison des Clercs de Saint-Sulpice, et fut arrêté le 11 août 1792, avec M. de Savine, son Supérieur. Leur éloignement des offices célébrés par le curé constitutionnel de Saint-Sulpice, avait excité contre eux la haine des révolutionnaires, ce fut donc leur fidélité à l'Eglise qui amena pour eux la persécution; il fut enfermé, avec son Supérieur, aux Carmes, et partagea, le 2 septembre 1792, le sort des autres prêtres

(1) L'histoire de ces Messieurs se rattache trop à celle de M. Le Tourneur, pour que nous ne nous étendions pas un peu sur ce sujet.

immolés pour la foi par les septembriseurs. Comme il sera constaté (1). »

« C'est la vérité qu'Antoine-François-Dieudonné de Ravinel, fils de Etienne-François de Ravinel, baron du Saint-Empire, et de Marie de l'Isle, dame de Malaincourt, naquit à Bayon, diocèse de Nancy, le 6 juillet 1769.

« Il commença ses études ecclésiastiques au Séminaire de Nancy, et se trouvait à Paris, au Séminaire de Saint-Sulpice, au moment de la Révolution.

« Il fut arrêté le jour de l'Assomption, 1792, au Séminaire d'Issy, par une bande de révolutionnaires qui s'étaient portés en cet endroit pour se saisir des ecclésiastiques réunis dans cette petite ville. Le maire d'Issy avait obtenu que ceux qui n'étaient pas prêtres seraient relâchés ; l'abbé de Ravinel se croyait délivré quand on proclama que ceux « qui n'étaient pas dans les ordres sacrés » étaient libres. Il vint avec empressement se joindre aux confesseurs de la foi, car il était diacre. Ils furent conduits d'une façon brutale jusqu'à Paris, et enfermés à la prison des Carmes, pour leur fidélité à l'Eglise.

« Pendant plus de quinze jours, l'abbé de Ravinel se prépara pieusement au martyre. Il avait eu la consolation de retrouver dans la prison Mgr de la Rochefoucault, évêque de Saintes, qui l'avait ordonné diacre le 29 mai 1792. L'abbé Frontault, dans la relation qu'il a laissée, dit que les compagnons de l'abbé de

(1) Articles du procès de béatification des Martyrs de septembre 1792, p. 100.

Ravinel admiraient la beauté de son âme. Il périt le 2 septembre 1792, et le souvenir de son martyre s'est conservé en Lorraine. Comme il sera constaté (1). »

« C'est la vérité qu'Augustin-Robert de la Lézardière, du diocèse de Luçon, était diacre au Séminaire de St-Sulpice, où il achevait ses études de théologie.

« Le 15 août, il fut arrêté à Issy dans les conditions indiquées pour l'abbé de Ravinel et fut, lui aussi, incarcéré comme diacre dans la maison des Carmes. Lorsque vint l'heure du martyre, il se porta avec enthousiasme au-devant des bourreaux, et mourut pour la foi le 2 septembre 1792. Comme il sera constaté (2).

« C'est la vérité que Jean-Joseph Thierry figure sur les listes officielles des ecclésiastiques massacrés aux Carmes. Il était entré au Séminaire de Saint-Sulpice en 1788, et était acolyte. On ignore les circonstances de son arrestation. Il fut frappé le 2 septembre 1792. Comme il sera constaté (3). »

(1) Articles du procès de béatification des Martyrs de septembre 1792, p. 133-4.

(2) *Id.*, p. 134.

(3) *Id.*, p. 215. — La rue de Rennes passe sur le sol du jardin où était autrefois la petite chapelle des Carmes. (Voir le plan qui se trouve en tête de la notice de M. Pisani.) En perçant cette rue, on découvrit le « puits des martyrs », dans lequel des corps avaient été jetés précipitamment. M. le docteur Douillard, dans un rapport du 6 juillet 1867, conclut à la présence des restes de 90 cadavres, dont 24 portaient des lésions qui indiquaient clairement la mort violente. Ces ossements ont été déposés, par ordre de Mgr Darboy, dans la crypte de la chapelle de l'Institut catholique. Ce n'est pas sans émotion que l'on vénère ces restes sacrés dans ce lieu où la messe est souvent célébrée, et que l'on voit cette inscription posée à l'entrée du jardin, près du corridor où tant de victimes, pourchassées par les bourreaux, tombèrent lacérées de toutes parts : *Hic ceciderunt.*

L'ESCALIER DU MASSACRE

Quant au jeune Nézel, ayant quitté le Séminaire pour les fonctions de l'enseignement qui lui étaient momentanément confiées, il n'a pas été mis sur la liste des « séminaristes » martyrisés par les septembriseurs, et ne figure donc pas à la suite de ceux dont nous relevons les noms. Nous savons que « Nézel, clerc du diocèse de Paris, était professeur de latin dans la pension de M. Dubourg, à Issy. Après avoir été arrêté, il devait être relâché comme n'étant pas dans les Ordres sacrés, mais interpellé par les révolutionnaires, il eut à répondre à deux questions :

« — Avez-vous fait apprendre la Constitution par les enfants que vous élevez ? Reconnaissez-vous pour pasteur d'Issy le curé constitutionnel ? »

Ces deux questions lui donnèrent l'occasion de manifester sa foi. Il aurait pu répondre qu'il n'enseignait que le latin et que la Constitution ne faisait pas partie de son programme, il préféra se montrer un vrai chrétien :

« — Je n'enseigne pas, dit-il, une Constitution que l'Eglise proscrit, et je ne connais pas un pasteur qu'elle condamne (1). »

L'arrestation fut donc maintenue ; le jeune professeur se prépara avec ferveur, dans la prison des Carmes, à la mort qui l'attendait ; il donna avec joie sa vie pour Dieu et pour l'Eglise, le 2 septembre 1792 (2).

(1) Ces détails nous sont connus par la relation de l'abbé Frontault, échappé au massacre, qui les tenait de M. Nézel lui-même.

(2) Ces documents sur le jeune Nézel sont dus à l'obligeance de Mgr de Teil.

Comment dépeindre le saisissement du jeune Le Tourneur quand il vit les corps de plusieurs martyrs, jetés pêle-mêle sur des chariots, dont deux furent conduits à Saint-Sulpice, avant d'être dirigés vers les vastes fosses creusées aux environs de Paris? La douleur de M. Emery fut immense ; la vue de ses frères et de ses enfants égorgés d'une façon aussi barbare troubla son cœur. Il éclata en sanglots. Il fallut tout son esprit de foi, son amour de l'Eglise, et la pensée de la fin glorieuse de ceux qu'il aimait pour rendre le calme à son âme. Une nouvelle heureuse adoucit un peu sa douleur. Il croyait mort M. de Montfleury, jeune prêtre de Saint-Sulpice, quand il vit entrer son oncle, M. l'abbé Petit. Se jetant à son cou pour partager sa douleur, il entend ces paroles :

« — Mon neveu ! il est chez moi.

« — Chez vous ! De ma vie, Monsieur, je n'ai serré quelqu'un dans mes bras avec tant de tendresse et de bonheur. »

Mais les fédérés qui logeaient sous son toit conçurent le projet d'exiger le serment civique de tous les prêtres et élèves de la maison. La délibération fut longue ; elle pouvait aboutir à un décret de mort. M. Emery comprit la gravité du danger ; l'esprit encore frappé de la catastrophe qui, la veille, avait ensanglanté les Carmes, il réunit les directeurs et les élèves. Plus préoccupé de les préparer à mourir que de ménager leur fuite, il leur dit :

« — Messieurs, nous n'avons plus, selon toutes apparences, que quelques moments à vivre ; il faut en profiter pour nous préparer à la mort. Que tous ceux qui auraient besoin de se confesser le fassent ; après cela, mettons-nous en prière, et faisons à Dieu le sacrifice de notre vie. »

Les fédérés, fatigués du massacre, eurent-ils un dégoût du sang versé, ou le bras de Dieu arrêta-t-il brusquement les bourreaux ? Je ne sais, mais pendant que l'un d'entre eux réclamait la mort des Sulpiciens, un autre rappelait les soins que M. Emery n'avait cessé de prodiguer à la Section du Luxembourg ; celui-ci l'emporta. La haine et l'ivresse du crime cédèrent au souvenir de la bonté, et le projet fut abandonné.

C'est alors que le Supérieur, renvoyant les élèves dans leurs familles, resta avec quelques prêtres seulement, dans ce logis qu'il allait bientôt quitter, lui aussi, pour la prison.

CHAPITRE III

Les prisons. — Belle conduite de M. Emery. — Le soin paternel qu'il prend de M. Le Tourneur. — L'auberge de la Vache Noire. — Ferveur des séminaristes.

Nous ne pouvons parler de M. Le Tourneur sans dire ce que devint M. Emery. Après la mort de M. de Savine, le jeune Clerc s'était d'autant plus attaché au Supérieur général, que celui qui avait été, dès ses jeunes années, le guide et le soutien de sa vie, lui manquait brusquement. Aussi, cherchait-il toutes les occasions de le voir (1). Quand il apprit sa captivité (2), ce fut une nouvelle douleur pour son cœur filial.

Enfermé à Sainte-Pélagie, M. Emery fut mis en liberté quelques jours après, grâce à l'intervention de Mme de Villette (3). Ce fut pour peu de temps. Six semaines après, le 13 juillet 1793, la Conven-

(1) Nous n'avons pu découvrir le refuge de M. Le Tourneur pendant la Terreur. Etait-ce chez Mme de Villette?

(2) Dénoncé le 19 mai 1793, M. Emery fut arrêté le jour de la Pentecôte. La dénonciation venait de Gex, son pays natal. — Archives nationales. *Dossier de M. Emery*. Voir les pièces de son procès (24 pièces).

(3) Arrêt d'élargissement signé Alquier, 31 mai 1793.

tion le fit arrêter de nouveau comme *illégalement élargi* (1). Le 14 août, il comparaissait devant Fouquier-Tinville. Après avoir été interrogé, il fut enfermé à la Conciergerie. M. Emery s'était préparé à mourir; cependant, après avoir écrit une lettre où il faisait de touchants adieux à tous les siens, il ne négligea pas les moyens de la prudence humaine, et laissa rédiger un mémoire qui contenait les arguments de sa défense.

Le saint prêtre se donna tout entier à la conversion de ses compagnons de captivité; sa grande âme le portait vers ceux qui avaient un si grand besoin de son assistance et du secours de son ministère. Beaucoup de ces infortunés étaient éloignés de Dieu et plongés dans le désespoir. M. Emery, aussi prudent que zélé, gagna la confiance des gardiens qui le laissèrent pénétrer auprès des autres détenus, et jusque dans les chambres particulières où se trouvaient quelques-uns d'entre eux. C'est M. Le Tourneur qui nous l'apprend. Ce fut un magnifique spectacle que celui d'un vieillard traîné déjà deux fois devant les juges qui réclamaient sa mort, laissé par la Providence pour l'accomplissement d'une mission sublime, passant, calme et fort, au milieu des prisonniers qui gémissaient et criaient, pour les calmer, pour leur parler de Dieu et de l'éternité (2).

(1) Archives nationales, S. Wla, n° 4.

(2) Il convertit les fameux Lamourette et Fauchet qui avaient désolé l'Eglise par leur apostasie (V. pièces justificatives, I), la courtisane Eglé qui mourut héroïquement, et beaucoup d'autres. V. *Mém. du Comte Beugnot*.

M. Le Tourneur raconte comment M. Emery aida à la conversion de l'évêque intrus de Bayeux. On lui avait donné un lit à côté de M. Emery. « Quand je le vis venir, dit ce dernier à M. Le Tourneur, je me dis en moi-même : Il est perdu ; dans quelques heures peut-être, il sera conduit à l'échafaud, je veux donc m'occuper de son âme. Fauchet était assez embarrassé de me voir là, il n'osait me regarder ; je ne savais moi-même quel moyen prendre pour me mettre en rapport avec lui. Ayant eu occasion de lui rendre un léger service, il répondit à ma politesse par quelques mots de remerciements. »

Le lendemain, continue M. Le Tourneur, la conversation s'engagea entre eux et M. Emery lui manifesta son étonnement de ce qu'il avait embrassé un parti qui allait à la destruction de l'Eglise.

« — M. le Supérieur, lui répondit Fauchet, j'ai été trompé. Je croyais d'abord qu'il ne s'agissait que de quelques réformes utiles à l'Eglise ; je vois maintenant qu'on veut détruire la religion. Je me repens très sincèrement d'avoir donné dans un pareil parti. »

La franchise de ses paroles fit espérer à M. Emery une rétractation formelle. Mais le malheureux évêque fut mis au secret. M. Emery apprit qu'avant de mourir, il avait exprimé publiquement son repentir (1).

Le généreux prisonnier fit si bien pour l'apaise-

(1) Ce fait est attesté dans les *Annales catholiques*, IV, 169.

ment des détenus que *Robespierre ordonna de le laisser en prison, parce qu'il empêchait les autres de l'importuner par leurs cris et leurs sanglots.* Mais quelles prisons ! « J'ai visité, écrit un contemporain, la Conciergerie et je ne connais pas d'expression assez forte pour peindre le sentiment d'horreur que j'ai éprouvé en voyant dans une seule pièce 26 hommes rassemblés, couchant sur 21 paillasses, respirant l'air le plus infect, couverts de lambeaux à moitié pourris... ; dans une autre, 45 hommes et 10 grabats ; dans une autre encore, 38 moribonds et 9 couchettes ; dans trois autres pièces, 80 malheureux sur 16 paillasses remplies de vermine ; plus loin, 54 femmes sur 9 paillasses (1). »

Et l'on voyait se renouveler, grâce à l'apostolat d'un prêtre, les scènes des catacombes. Justes et pécheurs, hommes, femmes, jeunes filles allaient à la mort en prédestinés, en *confesseurs de la foi*, en chrétiens de la primitive Eglise.

(1) Grandpré. *Rapport sur la Conciergerie*, 17 mars 1793.

La reine Marie-Antoinette occupait une chambre au-dessus de M. Emery. On lui annonça un prêtre assermenté qu'elle refusa. La veille de son exécution, elle reçut ce petit billet : « Ayez soin de vous recueillir, à minuit, je passerai devant votre porte et vous donnerai l'absolution. » M. Emery put même, grâce à un geôlier complaisant, entrer chez la reine, l'encourager et l'absoudre. *Témoignage de M. Mermoud, curé de Gex,* cité par Mgr Méric. Marie-Antoinette avait reçu les secours spirituels d'un prêtre non assermenté, l'abbé Maguin, mort curé de Saint-Germain-l'Auxerrois. Le fait a été démontré par M. de Rocheterre. *Revue des Questions historiques*, janvier 1870. La même question a été traitée, dans la même revue, par V. Pierre, cité par le comte Fleury dans : *Les dernières années du marquis et de la marquise de Bombelles*. Paris, P. Emile, 331, note.

Au dehors, M. Emery avait réussi à faire parvenir des nouvelles à plusieurs de ses prêtres. Ses chers élèves, dont l'affectueux respect le suivait, étaient heureux de s'unir à celui qu'ils considéraient comme un valeureux confesseur de la foi. Prêtres et séminaristes exposaient leur vie, à son imitation, pour sauver des âmes. Déguisés en ouvriers, ils se cachaient dans les rangs de la foule et, dévoués jusqu'au pied de la guillotine, ceux qui étaient prêtres, avertis par les séminaristes, donnaient une dernière absolution aux victimes qui allaient mourir. M. Le Tourneur, ardent et intrépide, dut se multiplier afin de procurer ce suprême service aux prisonniers de la Conciergerie.

Ce sont ces vaillants qui, par l'intermédiaire de femmes aussi courageuses que dévouées, faisaient parvenir à M. Emery la sainte Eucharistie qu'il conservait en séparant les hosties en petites parcelles, ce qui lui permettait de communier lui-même tous les jours et de donner le viatique à ceux qui étaient désignés pour l'échafaud (1).

Le 14 avril 1794, M. Emery avait été transféré à la prison du Plessis. C'était, ce semble, un arrêt de mort. Il ne mourut pas, et poursuivit au Plessis le bien qu'il faisait aux captifs de la Conciergerie. Là encore, ceux qui l'aimaient trouvèrent le moyen de communiquer avec lui.

Nous voici au 9 thermidor (27 juillet 1794), c'est la

(1) *Lettre de Mgr de Mazenod, évêque de Marseille,* publiée par Mgr Méric.

mort de Robespierre (1) qui va ouvrir les prisons. M. Emery n'en sortit que le 25 octobre suivant. L'un des premiers à être pressé dans ses bras fut son cher enfant, Jean Le Tourneur.

Ayant passé quelque temps chez M. Montaigne, prêtre de Saint-Sulpice, le Supérieur voulut retourner au Séminaire. Sa vie n'y aurait pas été en sûreté ; épuisé d'ailleurs par quinze mois de réclusion, il dut suivre les conseils de ses amis et aller à Noyon, en Suisse, à trois lieues de Gex, où il espérait trouver un peu de repos.

Il y fut, en effet, entouré d'affection, mais ses anciens travaux lui manquaient. Prenant un faux nom, il regagna Paris et loua un petit logement rue Denfer. M. Emery était devenu *M. Bazin de la Seine.* Il vivait seul, dans l'étude, la prière, et consolé par les visites de ses amis et de ses enfants.

M. Le Tourneur le voyait souvent. Tout heureux de l'avoir retrouvé, il venait le distraire par ses spirituelles saillies, et se faisait son interprète auprès de ceux qui ne pouvaient, sans imprudence, entrer chez lui. M. Emery en profitait pour donner à son élève une direction sûre, pour garder son âme à Dieu et à la vocation sacerdotale.

(1) Robespierre, en voyant le sort qui l'attendait, se tire un coup de pistolet qui lui brise la mâchoire. Il n'est pas mort. Couché sur une table, le misérable est accablé des malédictions de tous. C'est le moment de la vengeance divine. Un ouvrier s'approche de lui, le contemple quelque temps en silence et s'écrie :

« — Oui, il y a un Dieu ! » (Lacretelle, *Précis historique de la Révolution franç.*)

Sans domestique, il se servait lui-même et pratiquait une pauvreté digne des trappistes.

Un jour, M. Le Tourneur entre dans son petit réduit et le trouve auprès de sa marmite où il fait cuire du riz qu'il retourne avec une cuillère en bois.

« — Eh quoi ! mon Père, vous faites votre cuisine ?

« — Oui, la Révolution nous réduit à cette extrémité. »

Une autre fois, M. Emery avait fait toilette pour sortir sans être reconnu. Il portait perruque, avec chapeau rond, et était vêtu d'une redingote grise.

« — Vous allez donc à l'élégance, mon cher Père ? » lui dit M. Le Tourneur.

M. Emery ne releva pas cette question.

« Le lendemain, raconte son élève, j'allai chez lui et le trouvai tout autrement habillé : mauvais chapeau de laine, habit ordinaire. Je lui témoignai mon étonnement.

« — Mon enfant, me dit-il avec gravité, il faut que nous soyons toujours mis de telle sorte que ceux qui nous approchent soient plus occupés de notre personne que de nos vêtements. »

Avait-il remarqué, chez son cher enfant, un soin exagéré de sa toilette, voulait-il combattre ce penchant au luxe qu'il avait poursuivi autrefois avec vigueur dans le Séminaire, et dont M. Le Tourneur lui-même a raconté la réforme (1) ? Je ne sais ; toujours est-il qu'il ne perdait pas une occasion d'ins-

(1) V. Gosselin, *op. cit.*

truire, de reprendre le jeune homme pour le plus grand bien de son âme.

M. Le Tourneur cite aussi, dans le temps où l'on n'avait pas encore repris la soutane, à la rentrée des élèves, le cas d'un séminariste — qui pouvait bien être lui-même ; — il entra dans la chambre du Supérieur avec une mise très soignée.

« — Oh ! comme vous êtes bien aujourd'hui, mon enfant, lui dit M. Emery, mais il manque quelque chose à votre toilette.

« — Quoi donc, mon Père ?

« — Tous les jeunes gens bien mis portent des manchettes, et vous n'en avez pas. Il ne faut pas que vous en soyez privé, je vais vous en donner moi-même. »

Et le conduisant dans son cabinet, il ouvrit un tiroir rempli d'instruments de pénitence, lui présenta deux bracelets en fer armés de pointes et les lui mit aux bras.

C'est avec reconnaissance que M. Le Tourneur recevait cette virile et paternelle direction. Il eut alors avec le Supérieur une intimité d'âme dont le souvenir ne le quitta jamais. Sur la fin de sa vie, étant évêque, il écrivait à M. Faillou : « M. Emery, de sainte mémoire, a été *père* pour moi, au delà de ce que ma tendre vénération pour lui a jamais pu mériter, et au delà de ce que je pourrai jamais reconnaître, quelque effort que je puisse faire (1). »

(1) Lettre inédite à M. Faillou, 8 février 1842.

M. Le Tourneur « le contemplait avec une sorte d'enthousiasme ; il admirait en lui l'union si rare et si difficile de la science la plus étendue et la plus profonde avec la piété la plus tendre. Les aimables vertus du maître faisaient sur le jeune cœur du disciple une impression si vive qu'il en conservait encore le souvenir et qu'il aimait à nous le rappeler jusqu'à la fin de sa vie », écrivaient plus tard les vicaires généraux de l'Evêque de Verdun (1).

Ce bon père confiait au jeune séminariste qui lui restait si fidèle ses craintes et ses espérances. Il lui laissait entrevoir les angoisses de son âme à la pensée du nouveau serment qui allait être exigé.

« — Oh ! s'écriait-il, je ne puis me faire à l'idée d'un peuple sans ministres, sans culte, sans religion. »

Cependant, le gouvernement se montrait moins persécuteur ; les églises allaient se rouvrir (2) ; par une aveugle résistance, on pouvait attirer des représailles redoutables. Après le serment de *liberté* et *égalité* (3), on vota, vers la fin de l'année 1796,

(1) Mandement des vicaires capitulaires, 30 janvier 1844.

(2) Le 11 prairial, an III, la Convention accorde à chacun des 12 arrondissements de Paris un édifice public pour exercer le culte ; savoir : les ci-devant églises de St-Thomas d'Aquin, St-Sulpice, St-Jacques du Haut-Pas, St-Etienne-du-Mont, Notre-Dame, Saint-Médard, St-Roch, St-Eustache, St-Germain-l'Auxerrois, St-Méry, St-Nicolas des Champs et St-Gervais. *Moniteur*, n° 273.

Le 30 prairial, la Convention accorde 3 édifices en plus : Saint-Laurent, St-Philippe du Roule et Ste-Marguerite. *Moniteur*, n° 275.

(3) Qui avait été décrété le 15 août 1792.

pour le 21 janvier suivant, le serment de *haine à la royauté* (1).

A ce sujet, le *Moniteur* donne des explications très importantes disant : « Ministres du culte, vous ne pouvez être soumis et fidèles à la République sans haïr ce qui la tuerait (4). » Mais tous ne le comprenaient pas de cette façon. Aussi, M. Emery usa-t-il de prudence dans ses conseils ; il avait été douloureusement atteint déjà par les paroles de ceux qui, méconnaissant les choses de France, tranquilles qu'ils étaient à l'étranger, censuraient sa manière de voir..

Un jour, le clergé de Saint-Thomas d'Aquin, qui avait prêté, puis rétracté le serment de la constitution civile du clergé, vint le consulter sur ce dernier serment.

M. Le Tourneur, qui se trouvait chez M. Emery, voulut se retirer quand vinrent ces Messieurs.

« — Restez, lui dit le Supérieur, vous n'êtes pas de trop. »

Après quoi, ayant répondu à la question proposée, il exposa, avec beaucoup de précision, les raisons qu'on pouvait alléguer pour et contre le serment et conclut en disant :

(1) 22 nivôse. Résolution du Conseil portant que le 1er pluviôse, correspondant au 21 janvier, anniversaire de la mort de Louis XVI, il sera prêté, dans toutes les communes de la République, un serment de *haine à la royauté et à l'anarchie, d'attachement et de fidélité à la république*. Résolution adoptée par le Conseil des Anciens, le 23. — *Bulletin des Lois*, 18, n° 109.

(2) *Moniteur* du 21 frimaire, an VI.

« — Voilà les motifs de part et d'autre ; c'est à vous, Messieurs, à les apprécier et à prendre un parti. »

Les consultants insistèrent pour que M. Emery dise ce qu'ils devaient faire.

« — Messieurs, leur répondit-il, je n'ai point autorité pour fixer votre jugement en cette matière. Tout ce que je puis faire, c'est de vous exposer les motifs d'après lesquels vous pourrez vous déterminer. »

Comme ils insistaient encore, M. Emery se leva en disant :

« — C'est fini. »

Après quoi, restant avec M. Le Tourneur :

« — Ces Messieurs, lui dit-il, auraient voulu que je leur déclarasse nettement qu'ils peuvent prêter le serment, afin de pouvoir rejeter sur moi tout l'odieux de cette démarche. »

Puis tristement, il ajouta :

« — Qu'il serait à désirer que les bons ecclésiastiques eussent la conscience formée à ce sujet ! »

Cependant, des prêtres parcouraient les villes et les campagnes, faisant le catéchisme, administrant les sacrements, avec un mépris du danger et une ardeur tout apostoliques. Allait-on, par maladresse, arrêter ce mouvement ?

« — J'observe avant tout, ajoutait-il, que les malheurs où nous sommes précipités sont la suite d'un zèle outré et de préventions excessives... L'amour propre et l'esprit de parti jouent ici un grand rôle... On imagine ramener l'ancien gouvernement ; on se trompe, et on sacrifie à des illusions la religion.

« Il semble aujourd'hui, écrivait-il aussi, que toutes les têtes soient renversées. On a peine à trouver un homme sage; on outre tout, on exagère tout; l'imagination frappée voit tout en noir. On croit être plus catholique à proportion qu'on ferme les yeux à la lumière et qu'on rejette tous les conseils de prudence (1). »

L'archevêque de Paris, consulté, fit savoir qu'il autorisait à prêter le serment demandé. Ses grands vicaires MM. de Dampierre, de l'Epsinasse, de Malabert et M. Emery, qui administraient le diocèse, suivirent cette direction.

Des protestations s'élevèrent par ailleurs comme ne l'avait que trop prévu le sage M. Emery. Il fut profondément attristé. Il était attaqué personnellement, lui, soumis à l'Eglise jusqu'au martyre, lui, dont l'âme si unie à Jésus-Christ, ne vivait que de la foi. Ce fut son calice le plus amer, duquel il disait à M. Le Tourneur :

« — Dieu m'a fait la grâce d'acquiescer à cette persécution plus douloureuse que toutes les autres, qu'après avoir donné toute ma vie à l'Eglise, je passe aux yeux de plusieurs pour un déserteur. Ne vous offusquez pas, mon enfant, mon âme est dans la paix. Je ne me consolerais pas si mon opinion avait eu de mauvaises suites pour la religion, mais au contraire, je n'ai vu que des suites avantageuses. »

(1) Lettre à M. de Roneuf, 22 juillet 1795. Citée par Mgr Méric.

Il lui parlait aussi de ses espérances. Car au milieu des préoccupations que les affaires du diocèse lui causaient, M. Emery ne pouvait oublier son œuvre de prédilection, le séminaire.

« — Hélas ! s'écriait-il, il ne se fait plus de prêtres en France. »

Ne pouvant lui-même rassembler les élèves dispersés, il en confia, dès qu'il fut possible, le projet et le soin à M. Duclaux.

M. Duclaux habitait alors une maison de la rue Saint-Jacques, ancienne auberge à l'enseigne : *La Vache noire*. Il disposa son appartement de manière à recommencer les cours du séminaire et y réunir les élèves en septembre 1800.

Il y avait là MM. Le Tourneur, qui devint évêque de Verdun ; de Quélen, plus tard archevêque de Paris ; de la Croix d'Azolette, archevêque d'Auch ; Feutrier, évêque de Beauvais ; d'Espinassons, doyen de Saint-Denis ; Lieutard, premier supérieur de Stanislas, etc. C'était une élite.

Qui dira le bonheur des Sulpiciens à la vue de ces jeunes gens, qui avaient surmonté toutes les craintes et conservé leur vocation sacerdotale en face du spectacle de souffrances cruelles et de la mort violente de tant d'ecclésiastiques ! Ces directeurs étaient, avec M. Duclaux qui présidait aux exercices, donnait la glose, faisait la lecture spirituelle et duquel Mgr Besson écrivit : « L'autorité du Supérieur avait je ne sais quoi de tendre qui a laissé au fond de l'âme de tous ceux qui l'ont connu, comme le souvenir d'une mère (1) » ; avec lui, dis-je, M. Labrunie, arrivé d'Irlande, un des théologiens les plus remarquables de la compagnie ; M. Boyer, connu comme grand prédicateur de retraites ecclésiastiques, qui faisait la classe de philosophie ; M. de Frayssinous, qui enseignait la théologie dogmatique. Plus tard M. Garnier, l'un des premiers hébraïsants de l'Europe, revint de Baltimore pour se joindre à eux, etc. »

M. Emery, qui résidait encore rue Denfer, par prudence, venait y professer l'histoire ecclésiastique et le droit canon. Ces hommes de science, de foi, de dévouement inaltérable à la sainte Eglise, entourés d'élèves sérieux gardés par la Providence et choisis par elle pour briller plus tard dans l'Eglise de France, n'offraient-ils pas un beau spectacle ?

Pour faire cette œuvre, il leur fallait prendre de grandes précautions. Le premier étage de la maison était habité par le propriétaire, un éleveur de bestiaux. Le second par M. Duclaux ; la salle des exercices, le réfectoire et la chapelle étaient là ; les séminaristes logeaient dans plusieurs maisons voisines ; par groupes de trois, ils sortaient, à l'heure des récréations, pour faire une promenade dans les rues environnantes, évitant d'attirer l'attention et ne se réunissant jamais en dehors de la maison.

M. Le Tourneur aimait à rappeler ce temps où la ferveur de tous faisait penser aux beaux jours de l'Eglise naissante.

(1) Cardinal Mathieu, *Mgr Besson*, I, 93.

M. de Pancemont, dont nous avons vu la noble conduite lors du serment civil, était rentré dans sa paroisse sans être en possession de son église, alors occupée par le curé schismatique Mathieu (1). Les offices se célébraient dans la chapelle des Carmes, dont Madame de Soyecourt était propriétaire (2). Les séminaristes de la rue St-Jacques y assistaient, après s'être revêtus, dans la sacristie, de la soutane et du surplis. Plusieurs mêmes furent, dès lors, employés aux catéchismes.

Ce n'était pas sans danger, sans paniques parfois, que les fidèles s'y réunissaient, ou sans vexations de la part du gouvernement. C'est ainsi qu'une fois : « Un détachement de canonniers s'arrête dans la rue de Vaugirard. L'émoi est grand. Le bruit circule qu'une pièce d'artillerie, braquée devant l'église, est destinée à tuer le premier prêtre qui montera à l'autel. Le concierge, effrayé, se met en devoir de prévenir les ecclésiastiques qui se présentent, et de les détourner de la pensée de célébrer ce jour-là. La Mère Camille — Mme de Soyecourt, — informée de ce qui se passe, et soupçonnant ces terreurs sans fondement :

« — Eh bien, dit-elle, je vais me tenir moi-même à

(1) L'église Saint-Sulpice, après avoir été occupée par des curés intrus, et livrée au culte des *Théophilanthropes*, ne fut rendue au culte catholique qu'en mai 1802. M. de Pierre succéda à M. de Pancemont.

(2) Mme de Soyecourt, religieuse Carmélite, acheta, pour reconstituer la Communauté, cette prison où son père avait été incarcéré ; elle fit sa cellule de la chambre d'où il était sorti pour aller à l'échafaud.

la porte et, s'il part un coup de canon, je le recevrai. »

La pieuse marquise de Warambon se trouvait là : s'approchant de la Mère Prieure, elle lui offre de partager le danger et s'assied près d'elle, à la porte extérieure, pendant la célébration des messes. Le canon resta muet (1).

« C'était bien l'assemblée des saints, la phalange des héros que le Saint-Sulpice de cette époque mémorable », dit l'auteur de la vie de Mgr Guibert (2). Le Séminaire, toujours si uni à la paroisse, ne formait avec elle qu'un cœur et qu'une âme.

Quant au succès si prompt de ce Séminaire, il réjouissait M. Emery qui écrivait : « Il y a de trente à quarante personnes rassemblées chez M. Duclaux, qui font tous les exercices du séminaire et mieux qu'on ne les faisait de votre temps, parce que ce sont tous gens formés et pleins de bonne volonté (3). » « Autour de lui, pouvait encore dire un contemporain, il n'y a que des vaillants (4). »

Est-ce à cette époque que M. Le Tourneur reçut les Ordres mineurs, le sous-diaconat ? Nous n'en avons pu découvrir la preuve, les papiers ayant disparu.

La maison de la *Vache noire*, était devenue trop étroite, après divers changements de local, le Séminaire s'établit dans un vaste bâtiment, rue du Pot-de-

(1) *Vie de Mme de Soyecourt*, 352.
(2) Paguelle de Follenay, *Vie de Mgr Guibert*.
(3) Lettre à M. de Romeul, 1801.
(4) Paguelle de Follenay, *op. cit.*

Fer, il était tout voisin de l'église avec laquelle il communiquait.

M. Emery eut la douleur de voir démolir en partie l'ancien Séminaire. Les restes vénérés du saint fondateur M. Olier, ne furent pas retrouvés, ceux de M. de Bretonvillers subirent le même sort (1); les autres cercueils restèrent à peu près intacts. Les caveaux furent fermés, et le pavé qui recouvre aujourd'hui la place St-Sulpice scelle ces tombeaux.

(1) Deuxième Supérieur général de la Compagnie.

CHAPITRE IV

M. le Tourneur chez les Pères de la Foi. — Le collège de Belley. — M. le Tourneur professeur. — L'expulsion. — Retour à Saint-Sulpice.

M. Le Tourneur qui, par tant de liens, tenait à Saint-Sulpice, eut cependant la pensée de quitter l'asile béni de sa jeunesse, avant d'être prêtre, pour se faire religieux.

On parlait beaucoup alors d'une nouvelle Société qui s'établissait en France sous le nom de *Pères de la Foi* (1). On admirait le zèle de ses fondateurs, l'ardeur avec laquelle ils travaillaient au rétablissement du culte, le véritable dévouement qu'ils mettaient à enseigner la parole de Dieu, à faire revivre, par tous les moyens possibles, la foi si refroidie dans le grand nombre des chrétiens.

L'état de l'Eglise de France était lamentable; partout on rencontrait des apostats, des prêtres in-

(1) Fondée en Italie, en 1797, par un clerc tonsuré du diocèse de Trente, Paccanari, homme habile, mais ambitieux et despote, elle ne subsista pas. Le P. Varin et les autres religieux français s'étant séparés de lui, firent plus tard revivre, en France, la *Compagnie de Jésus;* du reste, c'était leur but en formant la Société des Pères de la Foi.

dignes, des catholiques qui n'avaient plus que leur baptême, sans aucune idée de la religion, et combien même n'avaient pas le baptême et vivaient en païens (1).

Vers 1803, les Pères de la Foi se mirent à parcourir les villes et les campagnes pour annoncer la parole divine et faire le catéchisme, à réunir les enfants dans des collèges, à soigner les malades dans les hôpitaux, enfin à exercer l'apostolat sous toutes ses formes. Plusieurs jeunes prêtres et séminaristes se joignirent à eux. M. Le Tourneur s'enthousiasma, ce semble, pour ce genre de ministère. Il avait des dispositions à l'éloquence. Il se crut appelé à la vie religieuse. M. Eymery ne le pensait pas ; mais devant les instances de son élève, il dut le laisser faire un essai.

Le P. Varin, plus tard jésuite (2), était alors supérieur de la petite communauté. M. Le Tourneur le connaissait pour l'avoir vu plusieurs fois, ancien élève de Saint-Sulpice, venir trouver M. Emery. Le P. Varin a laissé une grande réputation de sagesse, de sainteté ; il fut un des religieux les plus remarquables de la Société de Jésus en France. Il accueillit M. Le Tourneur et lui fit commencer son noviciat.

(1) Vers 1800, il ne restait plus que 8.000 prêtres, dont 2.000 étaient constitutionnels. — Mgr Baunard. *Un siècle de l'Eglise de France*, 29. « Les enfants n'avaient plus la notion du juste et de l'injuste, et trahissaient déjà des mœurs sauvages et farouches. » *Rapports des Conseils généraux de 1800.*

(2) Les Jésuites ne furent rétablis qu'en 1814. Le 7 août, Pie VII publia la bulle *Sollicitudo omnium Ecclesiarium*, qui rétablissait la Compagnie de Jésus dans tout l'univers.

A la fondation du collège de Belley, il le nomma professeur de rhétorique. Au lieu de se livrer au ministère qu'il rêvait, l'ancien séminariste de Saint-Sulpice dut accepter le poste que l'obéissance lui imposait.

Cette maison prospéra très vite ; 200 pensionnaires et un grand nombre d'externes en firent, dès la seconde année, un des établissements les plus florissants qu'aient établis les Pères. C'est là, et à cette époque, que Lamartine fit ses études. Une de ses lettres nous donne une idée de l'excellent esprit qui animait cette maison. « J'y trouvais Dieu, écrivait le poète, la pureté, la prière, la douce et paternelle surveillance, le ton bienveillant de la famille, des enfants aimants et aimés aux physionomies heureuses... Un esprit divin semblait animer du même souffle les maîtres et les disciples... C'est là que j'ai vu ce que l'on pouvait faire des hommes, non en les contraignant, mais en les inspirant... Le sentiment religieux qui animait nos maîtres, nous animait tous... Ils commencèrent par me rendre heureux, ils ne tardèrent pas à me rendre sage... Les professeurs, des amis plus que des professeurs, restèrent toujours dans ma mémoire comme des modèles de sainteté, de vigilance, de paternité, de tendresse et de grâce pour leurs élèves (1). »

M. Le Tourneur professait donc la rhétorique ; il se livrait en conscience à ce travail, tout en songeant au

(1) *Confidences*, livre VI.

temps passé, et en se demandant si c'était bien là que Dieu le voulait. Il est à penser que la tempête soufflait sur son âme. Et qui n'a pas, dans sa vocation, subi ces moments de crise? Avec un grand esprit de foi, il cherchait la volonté divine, il confiait à la sainte Vierge, son refuge habituel, ses doutes, ses perplexités. Est-ce alors qu'il écrivit cette prière, qu'il redit cette invocation? « O Reine des Prophètes, à qui il a été donné de connaître les mystères de Dieu, obtenez-moi, je vous en conjure, de savoir les desseins de Dieu sur moi; afin que, par une correspondance fidèle à la grâce, je me détache de plus en plus du monde et de moi-même; que je ne cherche que Dieu, que je n'espère que Dieu, que je n'aime que Dieu! »

Depuis quelque temps, « les ennemis de la religion, irrités du bien qu'opéraient les Pères, avaient adressé de vives réclamations au gouvernement, et n'avaient rien omis pour lui rendre odieuse la Société des Pères de la Foi (1). Un décret de dispersion, rendu en 1804 (2), fut suspendu une première fois, grâce aux démarches du P. Varin. Mais en 1807, les belles missions données par ces religieux, et la supériorité de leurs établissements, soulevèrent la haine des méchants. Dénoncés une seconde fois à Napoléon qui, « en relevant l'Eglise, y cherchait un trône plutôt qu'un prie-Dieu », et qui, circonvenu par Fouché, prêta créance aux mauvais propos débités sur le compte

(1) R. P. Guidée, *Vie du P. Varin*, Paris, 150.
(2) *Bulletin des Lois*, an XII, IVe série, B. VI, n° 58.

des Pères, adopta les griefs de son ministre et, malgré les avis du cardinal Fesch, sacrifia les Pères de la Foi, s'emporta contre eux et s'écria, devant son entourage, un jour de réception :

« — Si, d'ici à quinze jours, ils ne sont pas rendus dans leurs diocèses respectifs, j'ordonne qu'ils soient déportés à la Guyane... »

Napoléon, on le sait, avait de ces manières de despote. On ne le vit que trop à la façon dont il traita le Souverain Pontife lui-même, plusieurs évêques, M. Emery, duquel il disait pourtant : « C'est le seul homme qui me fasse peur. »

M. Le Tourneur vit, dans cette conduite de la Providence, une indication de la volonté divine pour lui-même. Chassé du collège de Belley, il revint à Saint-Sulpice. M. Emery lui ouvrit ses bras et son cœur ; et là, retrouvant la paix et la joie de ses jeunes années, il vit bien que Dieu lui avait donné la seule vocation sacerdotale.

Ce temps d'épreuve ne fut pas perdu pour la sanctification de son âme ; il en retira une profonde humilité qu'il conserva toute sa vie, nous la verrons se manifester en maintes circonstances. Reprenant avec ardeur les cours du Séminaire, le sous-diacre se disposa à recevoir le diaconat et la prêtrise.

CHAPITRE V

Le Séminaire menacé de suppression. — M. Emery et Napoléon. — Les condisciples de M. Le Tourneur. — Les catéchismes et ses premiers cantiques. — Le diaconat et la prêtrise. — Emouvants adieux.

Le Séminaire de Saint-Sulpice était menacé de suppression aussi bien que la Société des Pères de la Foi (1), ce qui dut impressionner vivement M. Le Tourneur. L'empereur appréciait tant M. Emery que, rencontrant un jour un grand vicaire, il lui dit avec animation :

« — Avez-vous, dans tout le clergé de Paris, un homme comme M. Emery? »

En même temps, il faisait à la Compagnie le reproche d'être ultramontaine. C'était chez lui un mélange d'estime et de crainte pour son autorité absolue qui lui faisait écrire : « Méfiez-vous beaucoup des Sulpiciens (2). » Quand parurent, en mai 1807, les « Nouveaux opuscules de Fleury », publiés par l'émi-

(1) Le décret, qui avait atteint les Pères de la Foi, comprenait, en général, toutes les associations religieuses non autorisées. *Bulletin des Lois*, an XII, 4e série, n° 58.

(2) Lettre au Cardinal Fesch, *L'Ami de la religion*, t. CLXVIII, 395.

nent Supérieur de Saint-Sulpice, — on sait le bruit qui se fit autour des ouvrages de Fleury, ce n'est pas à nous d'en juger — disons seulement que des personnalités malveillantes firent un crime de cette publication et la dénoncèrent au ministre de la police (1) et à Napoléon comme étant empreinte d'idées tout à fait contraires au gouvernement. Il donna ordre de dresser un décret de suppression de la Compagnie (2). Le cardinal Fesch défendit sa cause avec zèle; plusieurs personnes de distinction s'en mêlèrent; le danger fut éloigné. Mais l'orage éclata de nouveau en octobre 1809, toujours à propos des livres de M. Emery. Napoléon le manda à Fontainebleau. L'irritation de l'empereur contre le Pape ne connaissait plus de bornes, tout était à craindre pour le vénéré Supérieur si attaché au Saint-Siège. Après plusieurs jours d'attente, l'empereur donna audience à M. Emery et le retint plus d'une heure.

« — J'ai lu votre livre. Il est vrai qu'il y a, dans la préface, quelque point qui n'est pas *franc du collier;* mais, en somme, il n'y a pas de quoi *fouetter un chat.* »

(1) Fouché, étranger à toute question théologique, dit avec justesse : Mgr Méric, prétendait mieux juger qu'un vieillard qui, toute sa vie, avait étudié et professé la science sacrée. — A dire vrai, Fouché se souciait peu de la question théologique. L'étrange Fouché, le transfuge du sanctuaire, — non qu'il ait été prêtre, mais minoré et confrère de l'Oratoire — le conventionnel régicide, l'homme des massacres à la mitrailleuse à Lyon, cet homme habile qui devait apparaître, un jour, le ministre par excellence de l'Ordre rétabli; Fouché était, avant tout, « l'homme des circonstances ». Voir Louis Madelin, *Fouché*, Paris, Plon.

(2) Manuscrits du Séminaire. Note du 25 mars 1808.

Très peu instruit de l'histoire ecclésiastique et de toutes les matières religieuses, Napoléon s'éleva avec fureur contre le Pape et contre les cardinaux qu'il disait *encroûtés d'ultramontanisme*, il revenait continuellement à ses affaires avec le Pape. M. Emery l'instruisit avec sagesse, fermeté et modération, comme — c'est sa propre expression — devait le faire *un ami de la concorde entre le sacerdoce et l'empire* (1).

Mais il conserva peu d'illusions sur les dispositions de l'empereur; il connaissait trop bien le mauvais vouloir de Fouché et son influence sur lui.

Nommé, en 1809, membre de la Commission qui devait trouver une solution aux difficultés suscitées par l'empereur, M. Emery se montra, nous dit M. Le Tourneur, *Vir integerrimus*, et soutint, malgré tout, les droits du Saint-Siège. M. de Barral, archevêque de Tours, s'efforça, par les paroles les plus persuasives, d'amener le vénérable vieillard à d'autres idées, son avis seul domina la Commission tout entière, et il dit jusqu'à dix fois, avec autant de fermeté que de respect :

« — Non, Monseigneur, cela n'est pas (2). »

Le mécontentement du gouvernement continuait à

(1) Gosselin, *op. cit.*, II, 223.

« On a appelé *gallican*, écrivait Mgr di Rende, alors nonce à Paris, celui qui fut *le seul* à défendre le Pape en face de Napoléon. Quant à moi, je suis de l'avis du cardinal Lambruschini qui, visitant la tombe de M. Emery, dit : « Voilà un grand serviteur de l'Eglise. » Lettre de Mgr di Rende à Mgr Méni, publiée par lui.

(2) Récit de M. Le Tourneur à M. Gosselin, *op. cit.*

se faire sentir sourdement, et semblait s'accroître à mesure que les rapports étaient plus tendus entre le Pape et l'empereur. Ce qui faisait écrire à M. Emery : « Si la maison de Saint-Sulpice doit être détruite, elle ne pourra pas périr pour une plus belle cause que celle de l'Eglise romaine (1). » Et le Séminaire était en pleine prospérité.

Rentrant à Saint-Sulpice, M. Le Tourneur ne retrouvait plus ses mêmes condisciples, qui, déjà parvenus au sacerdoce, l'avaient devancé pour la plupart. Il y vécut alors — pour n'en citer que quelques-uns — en même temps que MM. Tharin, le futur évêque de Strasbourg ; de Simony, dont les pures vertus devaient honorer le siège de Soissons ; de Bonald, dans la suite cardinal et archevêque de Lyon ; de Gualy, qui devint archevêque d'Alby ; Gallard, le huitième successeur de Bossuet à Meaux ; Fayet, missionnaire de France avant de monter sur le siège d'Orléans ; Carron, futur évêque du Mans ; d'Auzers, qui occupa le siège de Nevers ; de Forbin-Janson, si connu comme évêque de Nancy. Nommons aussi M. Gosselin, ami de M. Le Tourneur, qui, plus tard, devint Sulpicien, et duquel Mgr Baunard a dit : « C'est un érudit et un sage (2). »

La Providence se plut à entourer M. Le Tourneur d'hommes de caractère et de la meilleure société. Il contracta des amitiés qui ne cessèrent point à sa

(1) Lettre au cardinal Fesch, 1er avril 1810.

(2) Mgr Baunard, *Vie du cardinal Lavigerie*, Paris, Poussielgue, I, 17.

sortie du Séminaire ; lui qui était né d'une famille modeste, il prit, parmi eux, de bonnes manières et le goût des choses élevées ; son caractère l'y portait naturellement ; ceux qui l'ont connu disent qu'il n'avait rien de vulgaire et ne fut déplacé nulle part.

Entre tous, M. de Simony fut l'ami préféré. Ils s'étaient entrevus déjà à la communauté des Clercs, avant la Révolution. M. de Simony terminait son cours de philosophie quand le petit Jean Le Tourneur entra comme élève. A cette époque-là, quelques années de plus mettaient entre eux une distance qui s'effaça lorsqu'ils se retrouvèrent en 1808.

La différence totale de leurs caractères semblait devoir les éloigner l'un de l'autre ; ce fut peut-être ce qui les rapprocha. En effet, les deux amis offraient un contraste frappant : M. de Simony était la patience, la douceur, l'amabilité même ; M. Le Tourneur, malgré les épreuves qui auraient pu transformer son caractère, était resté vif, pétulant, emporté parfois. Ce qui les unissait dans une ressemblance parfaite, c'est qu'ils avaient tous les deux un grand cœur, profond et sûr en amitié, et qu'ils étaient d'excellents séminaristes.

Un grand nombre de ceux qui, depuis, ont honoré l'Eglise de France par l'éclat de leurs dignités, de leurs lumières et de leurs vertus, ont fait l'apprentissage du ministère au milieu des modestes et utiles fonctions de catéchiste (1). C'était un vieil usage,

(1) Hist. des catéchismes de Saint-Sulpice.

au Séminaire, de faire faire les catéchismes de la paroisse (1) par les grands séminaristes (2). M. Le Tourneur y excella ; nous aurons occasion d'en parler plus amplement quand il sera vicaire dans une des plus importantes paroisses de Paris. Il en faisait alors l'apprentissage, et déjà se révélait son aptitude spéciale pour ce genre d'apostolat. Il aimait particulièrement les enfants ; leur droiture, leur candeur, leur docilité et leur simplicité confiante l'attiraient ; avec eux, il se faisait doux, patient, toujours paternel. Et ce n'était pas seulement sympathie naturelle pour cet âge charmant, c'était une idée plus haute qui le dominait, c'était le désir de régénérer la société par l'enfance chrétienne. A cette époque surtout de renouvellement, une telle œuvre était essentielle, et tous les ecclésiastiques en comprenaient l'importance.

C'est à Saint-Sulpice que M. Le Tourneur composa ses premiers cantiques, cantiques pieux et pleins de foi vive, qui sont encore chantés aujourd'hui pour la plupart dans nos paroisses.

Si cet exercice était profitable aux enfants, ils étaient sanctifiants pour les séminaristes, on peut

(1) M. Olier réunissait jusqu'à 4.000 enfants pour les catéchismes, *Vie du V. de la Salle*, 9. — La paroisse, à l'époque de M. Olier, avait une étendue considérable ; elle comprenait le territoire que forment aujourd'hui les paroisses de St-Germain-des-Prés, St-Thomas d'Aquin, Ste-Clotilde, St-François-Xavier, du Gros-Caillou, de Grenelle, des Invalides, de N.-D. des Champs, *Vie de M. Faillon*, 48.

(2) « L'expérience nous a appris que là où il y a un Séminaire, il est bon que nous ayons une paroisse pour y exercer les séminaristes », écrivait M. Olier à M. Joly en 1658.

en croire un maître en cet art, Mgr Dupanloup (1), qui raconte avec enthousiasme les séances où il fut parmi les élèves et ensuite parmi les directeurs des catéchismes de Saint-Sulpice (2).

En septembre 1809, M. Le Tourneur fut ordonné diacre par l'évêque de Versailles (3).

L'année suivante, le 16 juin 1810, il fut fait prêtre par le cardinal Fesch, dans l'église Saint-Sulpice (4). Nous ne citerons qu'un mot de ses pensées intimes comme expression de son ardent amour pour Jésus-Christ, au jour tant désiré du sacerdoce; c'est ce mot écrit de sa main : il trouve « enivrant le calice du Seigneur ».

Le jour de cette ordination reste inoubliable dans les annales de Saint-Sulpice. Le vénérable Supérieur, arrivé au terme de sa vie, fut alors obligé de quitter son séminaire. Au commencement de juin, l'existence de la Compagnie était sérieusement compromise. Il avait été question de transporter ailleurs le séminaire et d'en ôter la direction aux Sulpiciens. Des lettres partant de la maison avaient été interceptées et dénoncées à l'empereur. Mal interprétées, elles provoquèrent son mécontentement et il les fit passer au

(1) « Catéchiste éminent, renommé, l'ambition des mères. » *Discours de réception à l'Académie française.*

(2) V. Journal intime de Mgr Dupanloup. Paris, Téqui, et dans « L'œuvre par excellence » : Un premier catéchisme à Saint-Sulpice.

(3) Le 21 septembre 1809, autorisation est donnée par les vicaires généraux du chapitre de Paris, le siège vacant, à Augustin-Jean Le Tourneur, sous-diacre de Paris, de se faire ordonner diacre par l'évêque de Versailles. Archives de Saint-Sulpice.

(4) Archives de Saint-Sulpice.

ministre, avec cette note du 11 juin : « A renvoyer au ministre des cultes pour avoir une idée de la routine du séminaire Saint-Sulpice et prendre des mesures pour activer les travaux, de sorte qu'au mois de juillet cette congrégation soit dissoute et le séminaire détruit (1). »

Deux jours après, il ordonne que M. Emery cesse sur-le-champ ses fonctions.

Le jour même de l'ordination, 16 mai 1810, les vicaires généraux vinrent notifier à M. Emery l'ordre de l'empereur. Le saint vieillard reçut avec calme cette nouvelle. Pendant le dîner qu'il donna au Cardinal Fesch, à l'occasion de la cérémonie du matin, il conserva sa sérénité et même sa gaieté. M. Le Tourneur, qui raconte ce fait (2), en témoigne son admiration, d'autant plus que le personnel était consterné en apprenant cet ordre cruel autant que pénible.

« Notre bon Père seul, dit-il, était calme et fort. Il réunit la communauté le surlendemain de notre ordination, nous, *ses derniers prêtres*, nous étions particulièrement émotionnés. Il parla des adieux de saint Paul au clergé et aux fidèles de Milet et exprima d'une façon si paternelle et pathétique la douleur que lui causait la seule pensée de quitter ses enfants que, tous, nous pleurions. Il dit combien il avait de consolation d'avoir pu nous faire du bien, ce qui atténuait ses regrets. Après ces touchantes

(1) Napoléon. Saint-Cloud, le 11 juin 1810.
(2) D'après le récit de M. Le Tourneur à M. Faillon.

effusions de cœur, il ajouta que la principale cause de sa disgrâce était le reproche d'ultramontanisme si souvent répété ces derniers temps contre lui et la Compagnie et, parlant avec vigueur de nos devoirs envers le Saint-Siège, il nous inspira l'obéissance, l'amour et le dévouement absolu au Pape, comme il nous l'avait toujours recommandé, mais en des termes plus persuasifs encore et plus forts.

« Tandis qu'il parlait encore, continue M. Le Tourneur, Gosselin se disposait à sonner la fin de l'exercice. M. Emery lui dit : « Je prie M. le réglementaire d'attendre quelques minutes; c'est la première fois que j'interromps l'ordre du règlement et ce sera la dernière. »

« A ces mots, on entendit de nouveaux sanglots. Je ne puis dire l'impression que ces dernières paroles produisirent. M. Emery se recommanda à nos prières. Alors l'abbé de Mazenod prit la parole au nom de tous et, exprimant notre filial amour au Père vénéré, il le pria de nous bénir. L'émotion était à son comble. Les directeurs, les jeunes prêtres, les élèves étaient à genoux; M. Emery faillit s'y mettre aussi tant il était troublé; il put à peine prononcer les paroles, levant les yeux et les mains au ciel, il nous bénit.

« S'étant rendu ensuite à la chapelle où il fit une courte prière, il partit pour Issy avec M. Giraud. »

Les directeurs restèrent à Saint-Sulpice. M. Emery seul demeura à Issy. Il avait aussi un petit appartement rue du Pot-de-Fer. Il disait à Sœur Rosalie : « Nous avons de puissants adversaires, ils passeront et nous resterons après eux. » Mais ce fut sa fin. Il mourut saintement au séminaire où il était venu la veille, après avoir prononcé ces paroles : « Je n'ai vécu que pour le séminaire et pour l'Eglise. » C'était le 28 avril 1811.

DEUXIÈME PARTIE

M. Le Tourneur vicaire à Saint-Thomas d'Aquin. — Prédicateur. — Auteur d'ouvrages de piété. — Vicaire général de Soissons et doyen du Chapitre. — Chanoine titulaire de Notre-Dame de Paris.

CHAPITRE VI

M. Le Tourneur vicaire à Saint-Thomas d'Aquin. — Les prônes et les catéchismes. — Rapports du curé avec ses vicaires. — Prospérité de la paroisse.

Le nouveau prêtre fut nommé second vicaire à Saint-Thomas d'Aquin. M. de Lalande (1) était curé; M. Borderies, premier vicaire; plusieurs ecclésiastiques, entre autres M. de Villers et M. Lucotte, étaient attachés à la paroisse. Il était en la compagnie de ces excellents prêtres desquels Mgr Dupanloup a dit : « Ces grands et saints hommes, ces héritiers des grandeurs passées de l'Eglise, furent tous supérieurs aux prêtres distingués du XVIIIe siècle. Ils avaient l'ardeur du retour et le zèle de reconquérir. Ils ont refait l'Eglise de France (2). » C'est en leur société, dis-je, que M. Le Tourneur se forma au ministère paroissial. M. de Lalande et M. Borderies étaient deux amis qui, aussitôt après la Révolution, établirent, avec une sagesse et un courage admirables, les fameux *catéchismes de la Sainte-Cha-*

(1) Ne pas confondre avec M. de Lalande, constitutionnel, qui fut évêque intrus de Nancy.

(2) Mgr Dupanloup. *Journal intime*, 36.

pelle (1). M. de Villers, qui habitait Lyon pendant la Terreur, bravait tous les dangers pour porter aux fidèles les secours de la religion. Arrêté plusieurs fois, il passa des mois entiers dans un cachot ; il échappa à la mort. Héritier d'une grande fortune, M. de Villers l'employait tout entière en bonnes œuvres ; son appartement, son mobilier, à Paris, étaient d'une simplicité extrême et annonçait presque la pauvreté. Jusque dans un âge avancé, ce bon prêtre passait des journées à visiter les pauvres et les malades (2). Quant à M. Lucotte, il arrivait à Saint-Thomas avec cette réputation de sagesse et de modestie qui avait fait dire à M. Artaud, secrétaire de légation à Rome, lorsque M. Lucotte y était lui-même comme secrétaire du cardinal Fesch : « C'est un véritable ange de paix, de bonté, à manières serviables, constamment dévoué (3). »

Tous ces prêtres vivaient dans une inaltérable union : « J'ai été témoin, disait Mgr Dupanloup, de la cordialité des rapports que ces Messieurs conservèrent entre eux, lors même qu'ils ne furent plus ensemble. Saint-Thomas, disait-on, est une paroisse modèle. Aussi tout ce qu'il y avait de prêtres et de chrétiens fervents, non seulement au faubourg Saint-Germain, mais dans tout Paris, y affluait, attiré par cette atmosphère sanctifiante. On y voyait des

(1) V. Mgr Dupanloup. *Vie de Mgr Borderies*. Ouvrages posthumes. Paris, Téqui.

(2) Lire l'intéressante notice sur M. de Villers, dans l'*Ami de la religion*, LXXIV, 6.

(3) *Id.*, LXXXIX, 182.

hommes comme MM. Frayssinous, Boyer, Clausel de Coussergues et Clausel de Montals, compatriotes et amis de M. de Lalande et de M. Borderies, l'abbé Legris-Duval, l'abbé de Sambucy, l'abbé de Quélen, l'abbé de Forbin-Janson et, parmi les laïques, le vicomte de Bonald, le duc Mathieu de Montmorency, Alexis de Noailles, le prince de Léon, plus tard duc de Rohan, le jeune Nicolas Mac-Carthy qui devint un célèbre prédicateur et son frère Robert Mac-Carthy, etc. Tels étaient les hommes qui fréquentaient le clergé de Saint-Thomas. Attirés par les vertus qu'ils y trouvaient, ils devenaient eux-mêmes les auxiliaires de ce clergé pour toutes les œuvres de charité (1). »

M. Le Tourneur avait donc un poste de privilégié. Et comme nous parlons des œuvres de charité et d'apostolat, disons aussi que cette paroisse était l'une de celles où il y avait beaucoup à faire. Située dans ce quartier brillant de Paris, elle comptait les familles les plus opulentes auxquelles, pour plusieurs, les terribles leçons de la Révolution n'avaient pas assez profité. Si l'on n'y rencontrait plus les anciens scandales, les mœurs n'étaient pas encore ce que la religion devait les faire. Parmi ces familles qui revenaient de l'émigration, combien avaient passé leur jeunesse à la cour de Louis XV, et connu Voltaire, Rousseau et d'autres! Le ministère était laborieux autant que délicat.

M. de Lalande et M. Borderies y travaillaient

(1) Mgr Dupanloup. *op. cit.*, 201, 2.

activement depuis 1802. Ces deux prêtres unissaient à une grande expérience du ministère un zèle ardent pour le salut des âmes. En 1810, époque où M. Le Tourneur fut nommé vicaire, la paroisse était déjà très fervente. Le dimanche, l'assiduité aux offices ne laissait guère à désirer. Les *prônes* de M. Borderies devinrent célèbres et bientôt ceux de M. Le Tourneur furent écoutés avec le même intérêt. « La prédication vraiment utile, aimait à dire le premier vicaire, ce sont les prônes. » Il estimait que M. Le Tourneur y réussissait autant que lui (1). M. Borderies prêchait le second dimanche du mois et M. Le Tourneur le troisième. Ce dernier avait « de l'aisance, du maintien, un organe clair et sonore, un geste énergique et franc (2) ». Ajoutons que sa piété allait à l'âme de ses auditeurs et qu'il savait instruire à une époque où le besoin d'instruction religieuse était si urgent ; on lui a reproché de faire parfois de trop *belles phrases*. N'était-ce pas encore un peu dans le goût de l'époque, et ce qui plaisait aux habitués du faubourg Saint-Germain ?

Tout entier à son ministère, M. Le Tourneur acceptait rarement de prêcher au dehors ; il fit toutefois une exception dans une circonstance qui

(1) *Biographie du Clergé contemporain*, 89e livraison. — On sait que cette biographie, signée *Un solitaire*, est écrite dans un mauvais esprit. Nous y prenons seulement quelques renseignements mais non toutes les appréciations. Du reste, les erreurs abondent au sujet de M. Le Tourneur.

(2) Id., *ibid.*

lui ràppelait tant de souvenirs : Un service solennel était célébré pour les deux rois et les deux princesses, victimes de la Révolution, à N.-D. de Chartres, le 1er juin 1814 (1). Toutes les autorités civiles et judiciaires, sept à huit cents hommes habillés de noir, un grand nombre de dames en deuil, Messieurs les officiers, un crêpe au bras, une foule immense remplissait la cathédrale. M. Le Tourneur prononça un discours et en prit occasion pour flétrir les crimes qui avaient amené de si douloureux événements et rappeler la bonté, les vertus de ces augustes victimes. Il remua les cœurs et, comme conclusion pratique, excita l'auditoire à la pratique assidue des vertus chrétiennes.

Il se donnait avec ardeur à toute espèce de ministères : la chaire, le confessionnal, la visite des pauvres et des malades ; mais par-dessus tout, c'étaient les catéchismes qui l'attiraient et pour lesquels il se sentait une vocation spéciale. Nous aimons à citer, à ce propos, l'autorité de Mgr Dupanloup. Devenu évêque d'Orléans, il rappelait avec émotion ses souvenirs et disait : « M. Borderies et M. Le Tourneur *rivalisaient de zèle et de succès dans l'Œuvre pour laquelle ils avaient été visiblement suscités de Dieu* (2). » Quand les âmes emportées dans le tourbillon des révolutions furent chassées du sanctuaire et en eurent désappris

(1) *L'Ami de la Religion*, I, 154-5.
(2) *L'Œuvre par excellence*, Paris, Douniol, VIIe entretien.

les chemins, on sentit que tout était désespéré si *des efforts prodigieux* n'étaient pas faits pour les sauver et que, pour les abriter de nouveau à l'ombre des autels, il fallait aller à elles, les toucher, les saisir par un zèle égal au malheur des temps. Eh bien, l'esprit de Dieu l'inspira ce zèle, et suscita dans l'Eglise de France des *Catéchistes* admirables, entre autres ceux que je viens de nommer. Il y eut, dans ces hommes-là, poursuit l'évêque d'Orléans, un feu extraordinaire soufflé par Dieu lui-même : ce fut une inspiration toute nouvelle, vraiment apostolique et poussée aussi avant que possible dans le le plus grand sentiment chrétien (1). »

Ces efforts prodigieux dont parle Mgr Dupanloup avaient été faits, après le 18 brumaire, par M. de La lande et M. Borderies qui, comme nous l'avons dit, rétablirent, à la Sainte-Chapelle, les catéchismes selon la méthode de Saint-Sulpice (2). Le 1er octobre 1803, ils purent les organiser à Saint-Thomas-d'Aquin. M. Le Tourneur, en y arrivant, se trouva dans son élément.

Voici comment les catéchismes se faisaient de son temps.

Dans un local *spécialement affecté aux enfants*, décoré aux jours de fêtes, ces Messieurs les réunissaient : garçons d'un côté, filles de l'autre. Le chef du catéchisme se tenait au milieu devant eux, et les catéchistes sur les côtés. Un ordre parfait, une

(1) *L'Œuvre par excellence*, Paris, Douniol, VIIe entretien.
(2) V. Pièces justificatives.

grande fidélité au règlement, le silence, étaient exigés. On ne permettait pas une faute, pas une hésitation dans la *récitation* du catéchisme; mais on s'attachait à faire comprendre aux enfants le sens des mots et des réponses, choses très abstraites pour les jeunes intelligences. Les *explications* étaient claires, simples, précises, ajoutons, toujours intéressantes, comme il convient pour soutenir l'attention des enfants. Ces Messieurs savaient, dans les interrogations, les *surprendre,* les *récréer amicalement,* leur proposer *de petits cas de conscience* et *se tromper à dessein dans leurs décisions pour se faire redresser par les enfants* (1). Rien ne plaisait davantage à cette jeunesse que ces questions, ces saillies inattendues qui étaient d'une grande adresse, qui laissaient quelquefois passer un mot pour rire, tout en maintenant la gravité qui convient et le calme habituel.

Faire parler les enfants est le moyen de s'assurer qu'ils comprennent et d'exciter constamment leur intérêt. Il en résultait le *jeu des bons points* que ces Messieurs appelaient un « exercice capital ». C'est le chef du catéchisme qui dirigeait cet exercice. Puis venait la récitation du saint Evangile et l'*homélie* faite tour à tour par un des catéchistes. M. Le Tourneur avait le talent, en dix minutes, de prêcher avec force et suavité; ses paroles faisaient une vive impression sur ces enfants et les portaient à devenir

(1) Méthode de Saint-Sulpice.

meilleurs. Il tendait surtout à former leur conscience, à leur inspirer la crainte du péché, le désir du salut, l'habitude d'une vie chrétienne ; cela était très pratique, très instructif et en même temps chaleureux pour atteindre à la fois l'esprit et le cœur.

Puis on faisait la prière.

N'oublions pas le *chant des cantiques* qui met *la vie* dans un catéchisme, qui inspire la piété et charme en édifiant. Et quels beaux cantiques on chantait à Saint-Thomas ! Ceux que M. Borderies et M. Le Tourneur avaient eux-mêmes composés, l'un à la Sainte-Chapelle, l'autre à Saint-Sulpice, et qu'ils composaient encore pour leurs chers enfants de Saint-Thomas (1). Ils disaient qu' « un cantique bien chanté fait souvent plus, pour la conversion des enfants et même des grands pécheurs, que les exhortations les plus touchantes ». Ils ne pouvaient admettre une réunion catéchistique sans cantiques, pensant, comme l'exprime saint Augustin, que le chant, c'est l'amour. *Cantat amor*. C'est aussi le commencement de la prière. Ils chantaient donc pendant le catéchisme, ils chantaient en sortant, — ce qui avait l'avantage de ne pas leur permettre de s'apercevoir du bruit inévitable de la sortie, et de les laisser dans le recueillement — et ces cantiques étaient chantés avec piété, suavement, sans aucun cri, et choisis avec à-propos pour toutes les circonstances.

Avant le dernier chant, *le chef* avait donné *les*

(1) Voir à la fin du volume la liste des cantiques composés par M. Le Tourneur.

avis sur les différents exercices, sur le catéchisme lui-même, faisant part des bonnes et des mauvaises nouvelles, comme cela se dit dans l'intimité, ce qui faisait vraiment, du catéchisme, *une famille*, annonçant *les fêtes*, *les visites* du curé, d'un évêque, ou de quelque personnage ; ces annonces piquaient la curiosité des enfants et leur étaient un stimulant précieux.

Et le catéchisme durait plusieurs heures (1) sans fatiguer les enfants ; ils en éprouvaient tant de satisfaction qu'ils auraient laissé tout pour leur catéchisme.

Les *fêtes* étaient superbes. Mgr Dupanloup les appelle le *condiment* du catéchisme, ainsi que les *récompenses* et les *dignités*. Ces Messieurs ne craignaient pas, par ce moyen, de favoriser l'amour-propre. Non, ils avaient l'art de profiter de tout pour attirer les enfants à la vérité et à la vertu. On raconte que saint François de Sales avait toujours sur lui des récompenses pour les garçons et filles qui lui faisaient de bonnes réponses (2). Un concile dit : « Pour faire réussir un catéchisme, il faut d'aimables récompenses (3). » Un autre recommande d'acheter de petits présents pour donner de l'émulation aux en-

(1) Un catéchisme avait lieu le dimanche après Vêpres, il ne durait pas moins de *trois* heures, et ne finissait qu'à sept heures du soir. Mgr Dupanloup. *op. cit.*, 101. — Le catéchisme *de semaine* ou de Première Communion se faisait le mardi et le jeudi, de *neuf heures à midi*, id., *ibid.*, 144.

(2) « Toutes fois et quantes que garçons et filles répondoient pertinemment à ses demandes, il leur donnoit des médailles, *Agnus Dei*, et autres choses semblables qu'il portoit sur soi. » Auguste de Sales.

(3) Concile de Constance, 1609.

fants (1). Nous pourrions citer beaucoup d'autres autorités; toujours est-il que ces Messieurs de Saint-Thomas appréciaient fort ce genre d'encouragement, et que les récompenses, distributions de prix, étaient l'occasion de fêtes dont nous allons parler.

Celle-ci est une fête du Catéchisme de persévérance.

Pour ces jours solennels, la chapelle est décorée, l'autel paré. Les enfants chantent le beau cantique de M. Le Tourneur.

Salut! aimable et saint asile,
Où Dieu même instruit ses enfants;
Où la beauté de l'Evangile
Charme leurs cœurs innocents.

Ils y mettent toute leur âme. C'est avec conviction, avec bonheur qu'ils continuent :

Heureux celui qui, dès l'enfance,
Vient à l'ombre de ces saints lieux,
Mettre à l'abri son innocence,
Apprendre la route des Cieux.
. . . .
Oui, dans tes murs tout sait nous plaire, etc.

Puis la messe commence, une messe de communion pour le plus grand nombre; et la ferveur est grande le jour où ces jeunes gens ont le bonheur de communier. Pendant l'action de grâces, ils chantent :

Monde, ne vante plus tes charmes.
Tu n'enflammes pas nos désirs.
. . . .
Ici, près de Dieu, mon enfance
Des vrais biens goûte la douceur (2).

(1) Concile d'Anvers, 1610.
(2) Ce cantique est de M. Borderies.

Et encore celui-ci composé par M. Le Tourneur en 1816.

Quel signe heureux, quel don inestimable,
A cet autel, appel de tous mes vœux,
Cœur adorable !
Bonheur des Cieux !
Oui, son amour m'embrase de ses feux,
Je m'abandonne à son empire aimable.

Je n'étais pas, ton Cœur toujours si tendre
Brûlait déjà de s'immoler pour moi.....
Que puis-je aimer de préférence à toi ?

Disciple heureux, le Maître de la vie
Laissa poser ton front près de son Cœur :
Combien j'envie
Un tel bonheur !
Rassure-toi. O spectacle admirable :
Il m'est offert, l'embrasement divin.
O sainte Table !
O doux Festin !

C'est surtout la réunion du soir qui est une fête de famille. Une prédication extraordinaire est faite par M. l'abbé de Quélen (1), ou un autre orateur connu ; ensuite a lieu le Salut du Saint Sacrement, accompagné de beaux chants et la récitation des *Billets :* Sur l'appel d'un catéchiste, les enfants les plus sages et les plus instruits se lèvent, et expliquent eux-mêmes, à haute voix, aux autres enfants, toute la fête, en répondant à des questions comme celles-ci :

« — Quel mystère l'Eglise célèbre-t-elle en ce jour ?

« — Quels sentiments vous inspire la fête que vous solennisez ?

(1) Qui donna aussi plusieurs fois la retraite de première Communion.

« — Quelles résolutions prenez-vous en ce jour? »

Puis la consécration à la sainte Vierge est faite aussi par un enfant. Et l'on chante :

Nous qu'en ces lieux combla de ses bienfaits
Une Mère auguste et chérie,
Enfants de Dieu, que nos chants à jamais
Exaltent le nom de Marie.

Si le lion rugit autour de nous,
Elle étend son bras tutélaire :
L'enfer frémit d'un impuissant courroux,
Et le ciel sourit à la terre (1).

Aussitôt l'office terminé, vient le tirage de la loterie. C'est M. Borderies qui voit le billet et choisit un lot approprié à chacun; il fait cela d'une manière si agréable que chaque enfant est enchanté du lot qui lui est remis; et parfois le gagnant comprend une petite leçon faite pour lui seul dans le regard du premier vicaire et le choix de l'objet.

Bien des jours à l'avance, les enfants s'étaient réjouis à la pensée de ces fêtes, et, longtemps après, ils en gardaient le souvenir. Ils en parlaient entre eux au cours des promenades qui leur étaient offertes par leurs catéchistes. C'était le plus souvent dans le beau parc de l'hôtel Biron (2) que, deux fois par an, les garçons étaient conduits par quelques ecclésiastiques, et les filles par des dames dévouées à l'Œuvre des Catéchismes. Là, on jouait; vers quatre

(1) Composé par M. Le Tourneur en 1816.

(2) L'hôtel Biron, boulev. des Invalides, fut acheté par les Dames du Sacré-Cœur qui en firent leur Maison-mère en 1820. — On sait que, depuis la *Séparation*, l'Etat s'en est emparé.

heures, toute la bande s'asseyait sur l'herbe pour goûter, puis on jouait encore jusqu'à la nuit tombante. M. Borderies et ces Messieurs surveillaient les jeux, en maintenaient l'animation, y excitaient une joie paisible, qui rappelait toujours la présence de Dieu au milieu de cette chère jeunesse.

Nombre d'années, M. Le Tourneur se dévoua à cette œuvre. Une grande unité de vues régnait entre le premier et le second vicaire ; c'était le même désir du bien, le même zèle pour l'accomplir. M. Borderies, devenu dans la suite évêque de Versailles, déclarait que « l'abbé Le Tourneur lui laissait un très cher souvenir », et il se plaisait à dire que « personne n'avait partagé si longtemps ses sollicitudes, ni soutenu plus constamment ses efforts par son zèle et ses talents (1) ».

M. Dupanloup, alors séminariste à Saint-Nicolas, visitait souvent M. Borderies, le père très aimé de son âme; il se mêlait parfois aux autres élèves que Messieurs de Saint-Sulpice envoyaient à Saint-Thomas d'Aquin pour qu'ils se formassent au rôle de catéchistes, tout en aidant à la surveillance et aux chants. Il écrivit plus tard : « Après M. Borderies, nul ne fut plus aimé des enfants que M. Le Tourneur, et ne fut plus digne de l'être. Les anciens du catéchisme se souvinrent longtemps de l'onction touchante de ses homélies et de la poésie de ses cantiques (2). »

Ces cantiques, M. Dupanloup les aimait beaucoup.

(1) Mgr Dupanloup, *op. cit.*, 134.
(2) Id., *ibid.*

Au soir de sa *Première Messe*, il voulut revoir ses enfants du catéchisme de Saint-Sulpice : « On l'attendait avec une joie indicible, dit son biographe. Ce fut quelque chose de céleste. Ses yeux brillaient à travers ses larmes ; l'accent de sa voix trahissait la plus vive émotion ; il fit chanter *son cher cantique* (1) :

Qu'ils sont aimés, grand Dieu, tes tabernacles !

« Chantez-le pour moi, dit-il, mes chers enfants.

« Puis il le paraphrasa avec de tels cris d'âme que nous pleurions toutes avec lui. Ce souvenir est resté pour moi inoubliable (2) », disait une dame.

Les catéchistes de Saint-Thomas s'efforçaient d'inspirer aux enfants une filiale dévotion à la sainte Vierge et à Jésus dans son enfance, non pas tant à l'Enfant de la crèche qu'à l'Enfant de douze ans, *factus annorum duodecim*, assis au milieu des docteurs, qu'ils proposaient à leur imitation. Plus tard, M. Le Tourneur composa pour eux : *Le Mois de la Sainte-Enfance* (3).

Les tout petits, les enfants de la première communion et ceux de la persévérance, étaient devenus si fervents que l'on vit avec étonnement et édification leurs familles, attirées par eux, assister aux catéchismes. Il n'était pas rare d'y rencontrer de grands jeunes gens, des jeunes filles jusqu'à l'âge de leur mariage, et des parents qui, avec intérêt, avec bon-

(1) Composé par M. Le Tourneur en 1816.

(2) Lagrange, *Vie de Mgr Dupanloup*, I, 87.

(3) Voir à la fin du volume la liste de ses ouvrages.

heur, suivaient les catéchismes. Tous, du reste, y étaient conviés par ces Messieurs. On y voyait même des personnages tels que le duc Mathieu de Montmorency, qui servait la messe chaque jour à M. Borderies et qui mourut un *Vendredi Saint, à trois heures*, en l'église même où il priait devant le reposoir eucharistique (1820). Chateaubriand était un assidu de Saint-Thomas. S'il n'allait pas souvent au catéchisme, du moins il n'aurait pas manqué un prône du dimanche. Les meilleures familles du faubourg Saint-Germain rivalisaient de régularité aux offices avec les familles les plus modestes, et la paroisse était dans toute sa ferveur quand plusieurs membres du clergé furent appelés à remplir ailleurs les fonctions du saint ministère.

CHAPITRE VII

**Voyage à Rome de M. Le Tourneur avec M. de Simony.
Leurs impressions et leur piété.**

Nous n'avons pas oublié cet ami de M. Le Tourneur, fait prêtre le même jour que lui : M. de Simony (1). Dédaignant les dignités et les places qui lui étaient proposées, pour choisir l'évangélisation des campagnes, M. de Simony passa onze années dans l'exercice de ce laborieux ministère, se faisant le pasteur et la providence des pauvres villageois. Les deux amis s'étaient donc séparés en 1810 ; ils se retrouvèrent avec bonheur au printemps de 1819, à l'occasion d'un pèlerinage à Rome. Ce n'était pas l'attrait du voyage ni la curiosité qui les y amenait, mais bien le désir de fouler le sol duquel Mgr Gerbet a dit : « il n'y a pas une motte de terre qui ne soit illustre (2), et la pensée d'y vénérer le successeur de Pierre.

Au départ, ils s'arrêtèrent à Toulon et passèrent quelques jours chez la belle-sœur de M. de Simony. Le noble caractère de la Comtesse, son amabilité,

(1) Pièces justificatives, II.
(2) Mgr Gerbet, *Esquisse de Revue chrétienne*.

la sûreté de son jugement étaient appréciés dans cette ville où la société la plus distinguée et la plus chrétienne fréquentait son salon. La Comtesse de Simony savait, à l'exemple d'une autre grande femme du même siècle, Mme Swetchine, tenir salon dans un but supérieur aux vues humaines et mondaines, et y diriger une conversation, où la science et la piété allaient de pair (1).

Nos deux prêtres, après ce court séjour, poursuivirent leur voyage, qui ne dura pas moins de *quarante jours*. Nous n'avons aucune des notes de M. Le Tourneur, il les brûla avec d'autres papiers qui concernaient sa vie sacerdotale (2), se contentant de dire, au retour : « Mon séjour à Rome me fut doublement agréable ; je visitai la ville des saints et je la visitai avec un saint (3). « Mais il nous est donné de pouvoir citer plusieurs lettres de son compagnon de voyage qui nous fournit des détails : « Chaque pas fait dans cette ville merveilleuse, écrivait-il le 10 mars 1819, à Mme de Villers, sa sœur, fournit quelque sujet d'admiration, surtout pour des cœurs comme les nôtres qui, sans être indifférents aux choses de goût

(1) Un soir, à une brillante réception d'officiers de marine qui arrivaient fort impressionnés d'un sermon qu'ils venaient d'entendre, il se fit tout à coup un profond silence, tous semblaient être absorbés dans leurs réflexions. « — Ah ! s'écrie un capitaine de vaisseau, le P. de Rauzan nous a écrasés. » Et la comtesse en profita pour émettre des pensées élevées et des paroles de foi sur les matières religieuses. *Anecdote citée par Mgr de Forbin-Janson.* Le R. P. de Rauzan fonda la Société des « Missionnaires de France », aujourd'hui nommés » Pères de la Miséricorde ».

(2) Péronne. *Vie de Mgr de Simony*, 291.

(3) Id., *ibid.*

et de magnificence, aux souvenirs que réveille l'histoire du grand peuple, sont surtout touchés de ce qui a rapport à la religion seule véritable, source du beau et des mouvements les plus sublimes de l'esprit et du cœur.

« On est aussi effrayé ici qu'en France, dit-il dans une autre lettre, du progrès des doctrines révolutionnaires ; et cette France tout abattue qu'elle est fixe encore les yeux et les espérances des bons comme des méchants.

« Nous avons vu hier le Saint-Père à Saint-Pierre, où nous avons eu le bonheur de recevoir sa bénédiction. Je ne m'y attendais pas et je n'en ai pas eu moins de plaisir. Il est bien vieux, bien pâle, non pas trop cassé. J'espère qu'un jour viendra où nous aurons le bonheur de l'approcher et d'entendre quelques paroles de sa bouche (1).

« Nous avons dîné avant-hier chez l'ambassadeur (2). Sa femme est la vertu même ; il n'y a qu'une voix sur son compte.

« Nous avons vu le cardinal Litta, le cardinal Della Lomaglia, à qui j'ai servi de diacre à Paris, et demain nous dînerons chez le cardinal Pacca. Il n'y a ici aucune nouvelle, mais nous en avons eu de tristes de France (3). »

L'on faisait, à Rome, d'immenses préparatifs

(1) Lettre à Mme de Villers, mars 1819.

(2) Le comte de Blacas d'Aulps. Péronne, *op. cit.*, 293.

(3) Allusion aux difficultés survenues entre la cour de France et celle de Rome relativement à l'exécution du concordat du 1817. Note de M. l'abbé Péronne.

pour la réception de François Ier, empereur d'Autriche. Une amie de Mme de Villers raconte : « Nous étions à Rome à l'époque des fêtes que le Pape donna à l'empereur d'Autriche, fêtes d'un genre tout nouveau. Les usages permettaient d'y assister. Ces deux Messieurs ne voulurent en voir aucune, et cependant je ne me souviens pas d'avoir entendu sortir de leur bouche une seule parole qui eût tant soit peu l'air de blâmer ceux qui, là-dessus, ne pensaient pas comme eux (1). »

Ils mirent tout leur bonheur à prendre part aux pieuses cérémonies, à s'édifier de tout ce qu'ils virent d'édifiant, à être reçus par le Souverain Pontife autant de fois qu'ils le purent. M. de Simony et M. Le Tourneur laissèrent de côté « les églises remplies de curieux et non de fidèles, les cérémonies tumultueuses, les gens qui spéculent sur les étrangers et font métier de les tromper, les cohues où vingt mille étrangers, la plupart mécréants, selon leur expression, viennent porter le scandale et font mourir la piété (2) ».

La piété qu'ils cherchaient, ils la trouvèrent ailleurs que dans les foules, et ce leur fut une douce joie. « Nous sortons, écrivait encore M. de Simony, des obsèques d'un saint religieux dominicain qui, après quatre-vingt-quatre ans de travaux et de vertus, vient d'entrer dans la vie des élus. Le spectacle de tous ses frères rangés autour du cercueil,

(1) Péronne, *op. cit.*, 294.
(2) Extraits des lettres de M. de Simony.

le ton pénétré dont ils récitaient leurs prières, ces versets de la Sainte Ecriture qui peignaient si bien le bonheur d'une vie consacrée au Seigneur et consumée dans son service, la douceur de cette parole : *Hœc requies mea in seculum seculi... Non moriar, sed vivam... ;* tout nous a émus jusqu'au fond de l'âme (1). »

Le mois suivant, après avoir satisfait leur dévotion et vu plusieurs fois Pie VII, il écrivit à sa sœur : « Le Saint-Père se porte bien. Nous aurons le bonheur de l'approcher encore avant de partir (2). » En cette dernière audience, le Souverain Pontife se montra tout paternel envers M. de Simony et M. Le Tourneur. Sa Sainteté leur ouvrit son grand cœur et s'attendrit en parlant de la France. Elle rappela les marques d'intérêt, de respect, de dévouement, de charité qu'elle avait reçues des Français, et, entre tous, ajouta-t-elle, « des femmes chrétiennes, qui, de bien des lieux différents, s'appliquèrent avec autant de zèle que d'industrie à pourvoir à mes besoins et à ceux des cardinaux dans l'état de dénûment où nous nous trouvions ».

L'Ami de la Religion (3) parle de cette audience et signale « le retour de M. Le Tourneur qui a passé plusieurs semaines à Rome et rapporte des nouvelles satisfaisantes de la santé du Pape ».

Les deux amis quittèrent donc Rome, heureux

(1) Lettre à Mme de Villers, mars 1819.
(2) *Id.*, avril 1819.
(3) T. XX, 279.

d'avoir visité la chaire de Pierre et d'avoir puisé à la source du catholicisme un surcroît de foi, de dévouement à l'Eglise, dans une communication directe avec son auguste représentant.

Peu de temps après le retour de M. Le Tourneur à Paris, M. de Lalande qui, une première fois, avait refusé l'épiscopat, dut accepter l'évêché de Rodez (1) sur les instances du cardinal de Périgord, et M. Borderies fut nommé en même temps vicaire général de Paris (2), avec MM. Jalabert et Desjardins, Mgr de Quélen étant coadjuteur de l'archevêque, le cardinal de Talleyrand-Périgord, transféré du siège de Reims.

(1) Les bulles arrivèrent le 15 septembre 1819.
(2) Le 8 octobre 1819.

CHAPITRE VIII

M. Le Tourneur se livre spécialement à la prédication. — Il est nommé prédicateur du roi. — Quelques mots sur ses principaux discours et sur ses ouvrages de piété.

L'année 1820 marque une époque de combat très vif entre la religion et l'impiété. La première reprenait son influence salutaire sur la société, mais la seconde ne se déclarait pas vaincue. C'était, de part et d'autre, une lutte continuelle. Il fallait éclairer le peuple, encore entaché d'esprit révolutionnaire, il fallait aussi maintenir, dans la haute société, l'austérité d'une religion dont la pratique tendait à s'amollir.

De là ces grandes missions données dans les principales églises de Paris et ces prédications multipliées. M. Le Tourneur, qui avait toujours eu de l'attrait pour ce genre de ministère, quitta Saint-Thomas d'Aquin (1), et se consacra sans réserve à cet apos-

(1) Du moins le *vicariat*, car tout fait penser qu'il continua d'habiter sur la paroisse, avec laquelle il conserva un lien comme *prêtre habitué*. — Les *Archives de l'archevêché*, ayant été brûlées en 1830, la *Semaine Religieuse*, qui aurait certainement relaté la période vicariale de l'abbé Le Tourneur n'ayant commencé qu'en 1853, le *Bref de Paris*, qui donne la date des *Etats de service du Personnel*,

tolat. Il se plaignait de ce que « la connaissance de Jésus-Christ, fondateur de la vie chrétienne, était devenue presque étrangère à la plupart des fidèles. Il n'est pas rare, ajoutait-il, de rencontrer des hommes sincèrement religieux qui n'ont sur Jésus-Christ, sur sa doctrine, sur ses œuvres, sur les mystères qu'il a accomplis pour notre salut, que des idées vagues et une instruction fautive... Cette connaissance ne doit pas être spéculative et stérile ; les chrétiens seront portés, en l'étudiant, en considérant son incompréhensible charité, à ne vivre et à ne respirer que pour lui (1). »

Il s'attacha donc à faire revivre cette connaissance, à commenter l'Evangile, à parler des grandes vérités de la religion, à rétablir la *pure doctrine.* « Ne vous laissez pas imposer, disait-il, par de pompeuses déclamations ; l'incrédulité moderne n'a rien inventé, elle a pris des erreurs toutes faites et pulvérisées mille fois, mais elle les a rajeunies et vous les donne comme des découvertes... Le monde présente, de nos jours, un grand piège aux cœurs droits, aux âmes qui marchent devant Dieu dans la simplicité ; comme au temps du Sauveur, il est rempli de scribes, de pharisiens, de Sadducéens, de sectaires de toute espèce qui, divisés entre eux sur tous les points, sont tous unis dans une haine commune contre

ne fournit ces indications que depuis 1840. (Renseignement donné par M. Daix, archiviste de l'archevêché de Paris.) — Il y a donc certaines dates et bien des documents, qui, forcément, font défaut.

(1) Préface de *L'Année du chrétien.* VIII, x.

l'Eglise (1). » Ne croirait-on pas que M. Le Tourneur parle de nos jours? l'erreur, la fausseté, le modernisme ne datent pas d'aujourd'hui.

C'est en 1819 qu'il fut nommé *Prédicateur du Roi* (2) et débuta, le jour de la Toussaint, par un magistral discours, où il démontra que le nombre et le courage des saints et des martyrs confondent l'incrédule et consolent le chrétien. Pendant la station de l'Avent qu'il donna à la Cour, il sut, nous dit un journal contemporain (3), unir la solidité à l'élégance, la beauté du style à la justesse des pensées.

M. Le Tourneur prêcha avec un dévouement inlassable pour les œuvres de charité ; il nous est resté quelque écho de cette voix toujours prête, en même temps qu'elle se faisait entendre aux grands du monde, à plaider la cause des petits et des malheureux. A cette époque, un certain nombre de religieuses étaient, à Paris, dans un extrême dénûment ; quelques-unes seulement avaient pu se réunir pour reprendre la vie commune, d'autres vivaient isolées dans une profonde retraite. La modique pension qui leur était réservée ne pouvait assurer le nécessaire

(1) Nous savons qu'après avoir publié ses ouvrages de piété, M. Le Tourneur brûla ses manuscrits. Tout nous porte à penser que ses manuscrits contenaient en partie ses sermons, dont la plupart ont été reproduits dans ses ouvrages : mêmes sujets, mêmes idées, mêmes textes quelquefois. — V. *L'Ami de la religion*, t. XXI à LXXXIX. — Nous extrayons de ses livres quelques pages qui correspondent à ses sermons : ce sont ces fragments que nous citons.

(2) Archives nationales. *Maison du roi. Service de la Grande Aumônerie.* Liasse de notes et mémoires, 1819. *M. l'abbé Le Tourneur, prédicateur.* Station de l'Avent. Honoraires, 1.500 fr.

(3) *L'Ami de la religion*, XXI, 373.

et un travail que leur grand âge, leurs infirmités rendaient de jour en jour plus pénible, était très peu profitable. Quelques jeunes chrétiennes, touchées d'une si douloureuse et si intéressante situation, se réunirent aux Missions étrangères (1), et prièrent M. Le Tourneur de plaider la cause de ces dernières victimes de la Révolution. Le 9 juin 1820 (2), jour de la fête du Sacré-Cœur, en présence de la duchesse de Bourbon, de S. E. le Nonce, et de plusieurs Prélats, M. Le Tourneur parla du Cœur infiniment bon et aimant de Jésus-Christ et de l'amour que les chrétiens doivent avoir pour toutes les âmes rachetées et aimées de Lui, excitant ses auditeurs à partager, à l'égard du prochain, cette charité délicate dont Notre-Seigneur a donné l'exemple. « Il est bien vrai, dit-il avec saint Paul, que Dieu, notre Sauveur, a manifesté sa bonté et son amour d'une manière ineffable. En le voyant au milieu du peuple, partageant ses peines, ses besoins et ses fatigues, confondu avec les pécheurs, son Cœur sacré, ému de toutes les misères qui l'environnent, uniquement occupé de soulager, d'instruire, de guérir, de consoler et de sanctifier, comment ne pas sentir à quel point Il aime les âmes? Comment ne pas reconnaître en Lui leur médecin véritable, leur créateur, leur père? Que d'illusion on se fait sur le devoir de zèle imposé à tous les chrétiens envers tous leurs semblables! Qu'il est commun de retenir la vérité captive dans l'injustice! Voyez

(1) Aujourd'hui paroisse Saint-François-Xavier.
(2) *L'Ami de la religion*, XXIV, 149.

donc, dans les épîtres de l'Apôtre, comment tous les fidèles, sans distinction d'âge, de sexe et de condition, s'entr'aidaient en ce temps-là, devenaient les coopérateurs de son ministère, et en partageaient les dangers avec les mérites.

« Oh ! *que l'amour est un grand maître !* L'amour de Dieu, l'amour du prochain, voilà la drachme précieuse de l'Evangile qu'il faut trouver à tout prix. C'est avec elle qu'on satisfait, qu'on se libère, qu'on se sauve, soi et les autres. »

L'orateur dit si bien quand, à la fin de son discours, il parla en termes émus des bonnes religieuses, que la quête s'éleva à 2.400 francs (1).

L'Œuvre des *Petits Savoyards* (2) réclama maintes fois son concours au jour solennel de la première Communion. Nous le voyons le 10 mai 1821 (3), adressant la parole aux enfants de la Savoie. L'évêque d'Amiens officiait, M. Le Tourneur prit pour texte : *Relinquite infantiam et vivite, et ambulate per vias prudentiæ.* Il parla, dit-on, avec une « simplicité pleine d'onction » ; et exhorta encore les enfants le soir au retour de la procession.

L'année suivante, 24 mars 1822 (4), nous le retrouvons dans cette même chaire. Mgr l'archevêque dit

(1) *L'Ami de la religion,* XXIV, 150.

(2) « Le nom de l'abbé Legris-Duval se rattache à l'institution d'une œuvre éminemment belle et touchante, dont il fut, après le vénérable abbé de Fénelon, le promoteur, et pendant longtemps le directeur, l'âme et le soutien : l'Œuvre des petits Savoyards. »

(3) *L'Ami de la religion,* XXVIII, 20.

(4) *Id.*, XXXI, 345.

la messe et adresse la parole aux 74 petits Savoyards. Aux Vêpres, M. Le Tourneur prêche sur *l'Amour de Jésus-Christ pour les enfants* et sur l'amour que les chrétiens doivent avoir pour l'Enfant Jésus et pour ceux qui lui ressemblent. « Considérez, dit-il, l'Enfant-Dieu comme né pour vous, comme vous étant donné personnellement ; appelez-le *votre Dieu* et adorez-le profondément ; ne craignez pas de l'appeler *votre Enfant*, né pour vous d'une chaste Vierge, comme le chante l'Eglise. »

A la chapelle de la sainte Vierge, il dit quelques mots de *Marie, Mère de Jésus*. Sur ce sujet, il parlait d'abondance ; la sainte Vierge revenait souvent dans ses sermons. « O Mère bénie, s'écriait-il, dites-nous ce qui se passa dans votre cœur, lorsque vous voyiez ce divin Enfant sourire à vos caresses, presser de ses puissantes petites mains votre front virginal, approcher de vos lèvres sa bouche adorable ! Quels pieux tressaillements vous dûtes éprouver, ô Mère des mères, lorsque le Verbe éternel articula sa première parole et que cette parole fut votre nom chéri... Vous viviez avec lui, vous souffriez avec lui, vous mouriez avec lui dans votre Cœur, Mère de joie et Mère de douleur ! »

Marie, Mère de Jésus, est par excellence la Mère des orphelins, de ces petits qui vont à elle avec un filial abandon. M. Le Tourneur développa ces pensées ; l'office se termina par une consécration à Marie Immaculée.

Quand il parlait aux femmes chrétiennes, aux religieuses, aux jeunes filles de la Persévérance, il aimait à leur montrer Marie comme leur incomparable Modèle et à la nommer « Vierge des vierges et Mère des mères ». *Les Vierges sont la couronne de Marie.* Si l'Apôtre appelait les Philippiens *sa joie et sa couronne*, parce que l'éclat de leurs vertus et l'édification de leur vie rejaillissaient sur celui qui les avait convertis à la foi, que dirons-nous des vierges chrétiennes que saint Cyprien appelle « l'ornement et la beauté de la grâce spirituelle » et qui, attirées par l'exemple de Marie à l'état qui fera éternellement sa gloire, ont ravi le Cœur du Roi des rois? Ah! qu'elles donnent sans cesse une nouvelle joie à leur incomparable reine. Sa félicité s'accroît de leur générosité et de leur persévérance, elle voit en elles *les prémices de Dieu et de l'Agneau*, la portion choisie de l'héritage du Seigneur, les âmes favorisées, à qui Elle a révélé le privilège de *chanter un cantique que nul autre ne peut chanter* et *de suivre l'Agneau partout où il va.*

« O Vierge des vierges et Mère des mères! A votre imitation, la sainte pureté a ses héros au milieu du monde, comme dans les cloîtres et dans les solitudes, et les victoires qu'elle obtient sont souvent plus agréables à Dieu, et plus glorieuses à la Reine des vierges, parce qu'elles supposent plus de combats et sont toujours plus chèrement achetées.

« Vierge humble, que votre humilité, comme votre pureté, est industrieuse pour échapper à la gloire et à l'estime des hommes! Combien votre cœur qui aime Dieu est éloigné de se rechercher lui-même !... Songeons qu'un acte d'humilité bien simple, bien sincère est plus avantageux que le don des miracles (1). »

En 1822, M. Le Tourneur prêcha le carême à la Cour (2). La Station des Quinze-Vingts, chapelle royale, se composait de neuf sermons, et celle de la Cour de dix-neuf sermons. Plusieurs de ces discours furent fort remarqués (3), entre autres celui qui avait pour sujet : *La vanité des joies du monde.* 1° Elles sont sans motif, sans réalité et sans durée ; 2° Elles sont pernicieuses, parce qu'elles couvrent des désordres et, par suite, des malheurs. Et cet autre discours sur *la Prière*, quand il s'écrie : « Les chefs de la secte antichrétienne (il faut lire la franc-maçonnerie) qui, au siècle dernier, conjurèrent contre la religion, en connaissaient l'histoire et savaient bien par quels moyens elle s'est établie, et conservée d'âge en âge, par conséquent, quelle est la vertu et l'influence de la prière. Aussi mirent-ils tout en œuvre pour la déprécier, pour en attaquer le principe et la nécessité, pour arriver, enfin, à en anéantir la pratique... Et par une juste conséquence, pourquoi les cérémonies sacrées, pourquoi les expiations, pourquoi les sacrifices, pourquoi les Ordres religieux, pourquoi les prêtres, pourquoi les temples, et pourquoi la

(1) Mois de Marie, 1823.

(2) Archives nationales. *Maison du roi.* Service de la grande aumônerie. Liasse de notes et mémoires, 1822. *M. l'abbé Le Tourneur, prédicateur.* Honoraires, 3.000 fr.

(3) *L'Ami de la religion*, XXXI, 85.

prière? « Tous ces problèmes dont les sophistes écrivains avaient, pendant un demi-siècle, fatigué les esprits, les sophistes armés du pouvoir les ont résolus ; ils ont brisé les Ordres religieux, aboli le culte public, dépouillé les églises, égorgé les prêtres sur les débris des autels. Le torrent s'est écoulé, il est vrai ; mais les traces de son passage subsistent, et ses ravages se perpétuent. »

Sur le *désir du ciel* (1), sur le *véritable bonheur qui est la science de Jésus-Christ*, M. Le Tourneur jeta ce cri, avec Tertullien : « Oh ! que Jésus-Christ est ancien dans la nouveauté de son Evangile ! Et il montra le Sauveur dans l'Ancien et le Nouveau Testament, souhaitant à tous les chrétiens d'avoir la *science suréminente de Jésus-Christ.*

On signale surtout le discours sur *la Passion* que le prédicateur donna le Vendredi saint à 10 heures du matin. Il développa avec beaucoup de force et de cœur cette pensée : « *Jésus-Christ abandonné par l'amitié, trahi par l'ingratitude et condamné par la haine.* » Le roi, n'ayant pu assister à l'office, en exprima tout son regret à M. Le Tourneur, et ajouta :

« — Je sais tout ce que j'ai perdu (2). »

Le jour de Pâques, clôture de la Station, le sermon fut sur *la Foi*. Le prédicateur démontra ce que peut la foi pour éclairer l'esprit et pour régler le cœur. Dans la péroraison, il s'écria : « Ah ! Seigneur, ne permettez pas que cet héritage sacré de la foi,

(1) *L'Ami de la religion*, XXXI, 116.
(2) *Ibid.*, 264.

le plus précieux que nous aient légué nos pères, nous soit ravi ; faites que nous le transmettions intact à ceux qui viendront après nous. Souvenez-vous des sacrifices de toute espèce auxquels, il y a peu de temps, des milliers de Français se sont condamnés pour le conserver, et du sang généreux dont le scellèrent alors nos rois, nos pontifes et nos prêtres ! »

Le *Prédicateur de la Cour*, trop modeste pour se prévaloir de cette charge d'honneur, trop délicat pour abuser de l'influence qu'elle pouvait lui donner, resta dans la simplicité de sa vie et de son rôle de simple prêtre. Il sut allier le respect dû à la famille royale (1) et son attachement à la monarchie avec ses devoirs de prédicateur. Il enseigna la vrai doctrine sans dissimulation, sans crainte ; il y mit tant de tact, de droiture et d'esprit sacerdotal, qu'il lui fut permis de dire la vérité, et qu'en montrant le côté austère de la religion, le néant des grandeurs et la beauté du devoir, il fut goûté à la Cour : « Publiant la loi du Seigneur, en présence des grands de la terre, des princes et des rois, sa voix puissante, aux pathétiques accents, pénétrait et remuait ces brillants auditoires. » Il savait rappeler, à ceux qui possèdent l'autorité, la grandeur la plus élevée de leur titre de chrétiens, comme le prouvent ces paroles :

« ... Cette onction que le Verbe a répandue en

(1) On remarqua avec quelle mesure et quelle délicatesse il fit le compliment aux Princes pendant la Station de Carême. *L'Ami de la religion*, XXXI, 264.

plénitude dans l'homme, qu'il s'est mis en unité de personne par son Incarnation, il la donne par communication au fidèle qu'il adopte et qu'il s'incorpore mystiquement par le baptême. Cette même *onction qui l'a fait Christ nous fait aussi chrétiens.* Le Christ s'épanche dans ceux qu'il unit à son corps mystique comme dans ses membres. Eux aussi sont faits *rois* et *sacrificateurs*, un *sacerdoce royal*, comme le dit saint Pierre. Jésus-Christ nous a donc faits prêtres et rois de Dieu son Père. O ciel! quelle grandeur, quelle gloire dans le titre de chrétien! Qu'elle est immense la charité de notre Rédempteur, qui nous a tirés de l'abîme où nous avait précipités le péché, pour nous élever jusqu'à lui en nous faisant participer à son onction divine. Ah! si les enfants de l'Eglise savaient apprécier leur sublime caractère, pourraient-ils se résoudre à le dégrader par le péché, à descendre du trône où les a fait monter leur adoption sainte pour devenir esclaves du monde et de ses cupidités? Y aurait-il ici-bas dans les plaisirs, les honneurs ou les richesses quelque attrait assez puissant pour les séduire, quelque force assez grande pour les courber sous le joug des passions, ces âmes destinées à régner avec Jésus-Christ? Quel est celui d'entre eux qui ne s'appliquerait pas, selon toute son étendue, ce bel avertissement du Pape saint Léon : « Reconnais, ô chrétien, reconnais ta dignité, souviens-toi de quel Chef tu es membre, et ne sois pas assez malheureux pour en profaner la sainteté par l'indignité de ta conduite. »

« Qu'ils descendent des consuls, des sénateurs, et même des Césars, les martyrs de Jésus-Christ n'ambitionnaient qu'une gloire, ne réclamaient qu'un titre : *Chrétien est mon nom*. Chrétien ! Vous êtes *roi* pour régner sur vos penchants et les soumettre à la loi de Dieu. Vous êtes *prêtre*, pour offrir des hosties spirituelles et immoler sans cesse sur l'autel de votre cœur toutes les victimes que lui désignent la sainteté et la justice de Dieu. Vous êtes *prophète*, pour rendre généreusement témoignage à Jésus-Christ, et, en annonçant, par l'imitation de ses exemples, par l'innocence de votre vie et par un sincère détachement de la terre, cette félicité immortelle qui doit être l'objet de vos espérances. Appliquez-vous à réaliser en vous ce mot si honorable pour les enfants de la foi : qu'un chrétien est un autre Jésus-Christ (1). »

Le 2 septembre 1822 (2), on célébra, à l'église des Carmes, le 30e anniversaire des massacres. Ce n'est pas sans une poignante émotion, il nous semble, que M. Le Tourneur monta en chaire pour retracer la fin glorieuse des martyrs dont il avait été, de quelques-uns, l'enfant aimé et le jeune condisciple.

Plusieurs fois, M. Le Tourneur parla en faveur de l'Œuvre de St-Joseph qui patronnait les ouvriers. M. l'abbé Lœvenbruck en était président. Dans les derniers jours de décembre 1822 (3), une réunion eut lieu chez la baronne de Crussol, pour la formation

(1) *L'Année du chrétien*, I, 137 et suiv.
(2) *L'Ami de la religion*, XXXIII.
(3) *Id.*, XXXIV, 251.

d'un comité. M. Le Tourneur exposa le plan de l'Œuvre, son esprit, ses avantages. Présentant des chiffres précis sur le nombre des ouvriers qui affluaient dans la capitale, ouvriers sauvegardés autrefois par des freins que la Révolution avait brisés, et exposés à tous les dangers par l'esprit général du siècle, par l'impiété, la licence, qui cherche à corrompre cette classe de travailleurs : « Il faut opposer une digue au torrent, dit-il ; il s'agit du bonheur de milliers d'individus et du repos de la société. » « M. l'abbé Le Tourneur, ajoute un contemporain, joignant des calculs positifs à des considérations morales, a développé ces idées avec autant de talent que de zèle (1). »

Le 19 mars 1823 (2), c'est à Sainte-Geneviève que nous le retrouvons pour la même œuvre. Après la messe, dite par Mgr de Quélen, M. Le Tourneur parla sur : *Jésus-Christ et saint Joseph ennoblissant l'humble condition d'ouvrier.* « Ne portez pas envie aux hommes d'un rang élevé, dit-il pour terminer ; combien de chagrins, de dégoûts, de déchirements au sein des grandeurs et de l'opulence ! Mais sanctifiez plutôt votre travail par des dispositions chrétiennes ; l'artisan sans religion se confond en efforts que rien n'allège et se prive de consolations qui adouciraient sa vie. » Recommandant chaudement à tous les ouvriers de s'entr'aider et de s'aimer, il prêcha *trois quarts d'heure* au milieu d'un peuple admirablement attentif qui ne se lassait pas d'entendre cette parole

(1) *L'Ami de la religion*, XXXIV, 151.
(2) *Id.*, XXXV, 179.

d'apôtre pendant toute l'octave de la fête : 300 hommes firent la sainte communion.

Puis c'est encore à la cour que M. Le Tourneur donne le sermon de la Pentecôte 1823 (1), il parla de la sainte Eglise, soutenue par l'assistance du Saint-Esprit. « Si l'Eglise, malgré les tempêtes qui ne cessent de l'assaillir, se soutient toujours au dessus des flots, et, dans sa traversée, recueille tous les enfants de Dieu qu'elle doit conduire au port ; si le sang apostolique ne tarit pas dans ses veines ; si l'erreur ne prévaut pas contre la vérité, ni les scandales du siècle contre la sainteté ; si, en un mot, les pécheurs reviennent à Dieu, si les justes persévèrent, c'est que le sacrifice de propitiation est sans cesse offert pour les péchés ; c'est que l'Eglise n'est pas de facture humaine, c'est que l'Esprit de vérité et d'amour préside à ses conseils. »

Et son dernier discours à la cour de Louis XVIII fut celui de la Cène en 1824 (2). « Le Jeudi Saint est le jour des *mystères*, comme disent les Syriens et les autres peuples du Levant ; toutes ses cérémonies, si pleines d'instruction, si attendrissantes font du Jeudi Saint l'une des plus belles fêtes du christianisme. Elle est *la première* dans l'ordre du temps, puisqu'elle a été instituée avant toutes celles de la Passion et de la Résurrection ; elle l'est aussi sous le rapport de la

(1) Archives nationales. Maison du roi. Service de la Grande Aumônerie. Liasse de notes et mémoires 1823. M. *l'abbé Le Tourneur, prédicateur*. Serm. de la Pentecôte. Honoraires 300 fr.

(2) *Ibid.*, 1824. Sermon de la Cène. Honoraires 300 fr.

dignité, puisqu'elle a été *établie et célébrée par Jésus-Christ lui-même. L'Eucharistie est l'invention la plus prodigieuse que pouvait trouver la charité divine* (1).

M. Le Tourneur ne prêcha pas seulement à Paris; il fut demandé pour donner les stations de l'Avent et du Carême à Rouen, Amiens, Soissons, Rennes, Chambéry, Genève, Sallanges. Rome l'entendit plusieurs fois. « Les plus illustres églises avaient été, disent les vicaires capitulaires à sa mort, le glorieux théâtre de ses travaux et des succès de son zèle. Elles l'ont entendue et admirée avant nous, écrivent-ils, cette parole qui partait d'un cœur si pur, si digne par ses éminentes vertus d'annoncer les divins oracles: *Quis seipsum magis Spiritui purgavit, atque ita se comparavit ut dignus esset qui oracula divina explaneret* (S. Grég. Naz., *orat. fun.*); cette parole toujours lumineuse et profonde, pénétrante et efficace, parce qu'elle était la parole de Dieu même, puisée dans la méditation des saintes Ecritures et fécondée par la prière. Non, elles n'ont point oublié, et nous n'oublierons jamais nous-mêmes, ajoutent-ils, cette parole toujours simple et à la portée de tous comme l'Evangile, toujours imposante et majestueuse comme les sublimes vérités dont elle fut l'interprète; toujours vive et brûlante comme le zèle qui l'inspirait; douce, affectueuse, touchante et persuasive

(1) *L'Année du chrétien*, II, 220. N'est-ce pas bien définir ce que la sainte Eglise a approuvé depuis sous le nom de *dévotion au Cœur Eucharistique*?

comme le langage d'un père à ses enfants, abondante comme l'inépuisable trésor des saintes doctrines, riche de pensées dont la magnificence empruntait un nouvel éclat à la noble beauté de l'expression (1). »

En l'année 1820, M. Le Tourneur publia son premier ouvrage de piété, en collaboration avec M. de Lamennais (2). En 1822, il travailla pour la « Bibliothèque des dames chrétiennes ». En 1823, M. Le Tourneur fit imprimer des instructions sous forme de « Mois de Marie », et reçut, à cette occasion, une lettre de félicitations de Mgr de Quélen (3); puis le « Mois de la Sainte-Enfance », et « Conduite pour le Temps pascal ». Plus tard, et nous aurons occasion d'y revenir, il composa d'autres ouvrages qui, sans être d'une grande envergure, témoignent de la piété et du zèle de l'auteur. Ils sont, comme il les nomme lui-même dans son humilité : *piccoli libretti* (4).

(1) Mand. des vic. capitul. 31 janvier 1844. Les vicaires capitulaires étaient MM. Marotte et Didiot.

(2) Voir la liste de ses ouvrages aux pièces justificatives, II.

(3) Mgr de Quélen à M. Le Tourneur, prédicateur du roi, 2 février 1823.

(4) Lettre de Mgr Le Tourneur à la comtesse de Nettancourt, 9 octobre 1842. Communiquée par son fils, M. le comte de Nettancourt-Vaubecourt.

CHAPITRE IX

Relations de M. Le Tourneur avec M. de Lamennais. — A la Chesnaye. Non pas disciple, mais ami. — Le Jubilé à Rennes.

Depuis quelques années, M. Le Tourneur connaissait M. de Lamennais qui habitait impasse des Feuillants, sur la rue St-Jacques, au quartier St-Germain. Il trouvait chez lui toute une réunion de prêtres que préoccupaient les questions religieuses et sociales. L'enthousiasme était grand pour celui que Montalembert appelait « le plus célèbre et le plus vénéré des prêtres français (1) »; et quand il fit paraître son fameux livre : *Essai sur l'Indifférence en matière de religion,* ce livre qui « remua la France et le monde (2) », duquel Joseph de Maistre disait : « Ce fut un tremblement de terre sous un ciel de plomb », et Lacordaire : « Il y a longtemps que la Vérité attendait un Vengeur, » en un seul jour M. de Lamennais se trouva investi de la puissance de Bossuet (3).

(1) Montalembert, *Le P. Lacordaire,* Œuv. compl., IX, 403.

(2) On en vendit très vite 40.000 exemplaires.

(3) Lacordaire, *Consid. sur le syst. philos. de M. de Lamennais,* Œuv. compl., VIII, 35.

M. Le Tourneur écrivit à l'auteur : « Que Dieu soit béni, mon frère, de tout ce qu'il vous a donné pour sa gloire ! N'ayant pas le temps de vous lire le jour, je vous lisais la nuit, et il m'a fallu bien des heures de nuit, car il y a des passages qui m'arrêtaient longtemps et sur lesquels je voulais revenir bien des fois (1). »

Le jeune clergé, qu'attirent les initiatives généreuses et quelque peu hardies, tressaillit tout à coup, ce fut un délire indescriptible. On abandonna, dans une ardeur inconsidérée, le célèbre conférencier Frayssinous (2), qui défendait l'Eglise, pour Lamennais, qui attaquait ses adversaires (3). Le premier, homme d'une haute piété, disait humblement, en parlant de la nouvelle méthode : « En voici un qui va grandir pendant que je diminuerai. Cet ouvrage réveillerait un mort (4). » Et le Pape Léon XII voulut voir « cet homme de génie qui avait bien compris son temps (5) ». On ne sait que trop ce qui suivit ce beau début.

Tandis que M. de Lamennais était le prêtre pieux (6) que M. Le Tourneur connut, ils travaillèrent ensemble à la traduction annotée de l'*Imitation de Jésus-*

(1) Lettre de M. Le Tourneur à M. de Lamennais, 1818.

(2) M. Frayssinous, grand maître de l'Université, académicien, comte et pair de France, fut sacré évêque d'Hermopolis en 1822.

(3) Nettement. *Hist. de la litt. franç. sous la Restauration*, II, 221.

(4) Lettre de M. de Lamennais à son frère, 9 janvier 1818.

(5) V. Corresp. de Lamennais. Voy. à Rome, II, 49.

(6) « Il était pieux, il aimait Dieu, il le priait avec ferveur, le servait avec fidélité. Il suffisait, pour s'en convaincre, d'assister à sa messe et d'être témoin du recueillement avec lequel il la disait. » Ch. Sainte-Foy, *Rev. du Monde catholique*, II, 446.

Christ (1). Il collabora aussi à la « Bibliothèque des Dames chrétiennes », en traduisant les ***hymnes et toutes les diverses parties des offices du Paroissien complet***, et en composant une « Nouvelle Journée du Chrétien (2) ».

Il allait quelquefois se reposer du labeur de ses prédications, à la Chesnaye. Aucun lieu n'était plus propice au recueillement et à la méditation. « La Chesnaye, écrivait Maurice de Guérin, est une sorte d'oasis au milieu des steppes de la Bretagne. Devant le château, s'étend un vaste jardin, coupé par une terrasse plantée de tilleuls, avec une petite chapelle au fond. A l'orient et à quelques pas du château, dort un petit étang entre deux bois peuplés d'oiseaux dans la belle saison ; puis à droite, à gauche, de tous côtés, des bois, des bois, partout des bois (3). » M. Le Tourneur y trouvait, autour du maître, MM. Gerbet, de Salinis, Gaume, Combalot, Blanc, Bornet, Lacordaire, quelquefois M. de Scorbiac. Et parmi les laïques : MM. de Montalembert, de Guérin, Ch. Sainte-Foy, etc. Il n'y était pas considéré comme un membre de l'*Ecole Menaisienne,* mais comme ami de M. de Lamennais et surtout de son frère Jean-Marie qu'il connut à Paris lorsque celui-ci, étant *vicaire général de la Grande Aumônerie* (4), pro-

(1) Communication de M. Navelot, alors curé de Fouchères, qui connut M. Le Tourneur.

(2) Lorenz, *Catal. gén. de la libr. franç.*, 1869, t. III.

(3) Lettre de Maurice de Guérin, *passim.*

(4) En 1822, le Prince de Croy était Grand Aumônier et M. J.-M. de Lamennais vicaire général.

cura à M. Le Tourneur l'occasion de prêcher en Bretagne.

Les deux frères eussent souhaité le voir plus souvent. M. Féli de Lamennais écrivait, le 10 mai 1822 : « Je n'ai pas entendu parler de M. Le Tourneur depuis le Carême ; je n'en suis pas surpris, c'est une grande fatigue que de prêcher là (1). » Son frère Jean prolongeait son séjour à la Chesnaye pour l'y rencontrer. « J'ai eu ici, écrivait un peu plus tard M. Féli, le bon abbé Le Tourneur, il est parti presque aussitôt son arrivée. Ce m'a été un grand plaisir et une grande joie de le voir. Il m'a presque promis de revenir pour plus longtemps vers la fin de l'été. Qu'il serait doux de se retrouver encore une fois tous ensemble sur cette pauvre terre ! Mais sur cela comme sur tout le reste il faut vouloir ce que Dieu voudra (2). »

En 1824, le même écrivit de Genève : « Si vous avez quelque communication avec l'abbé Le Tourneur, vous m'obligerez beaucoup à me mettre en relation avec lui. Vraiment je devrais lui avoir écrit, mais écrire est une chose qui me devient de jour en jour plus pénible (3). »

On voit que M. Le Tourneur ne recherchait plus beaucoup la société de M. de Lamennais ; il avait admiré et aimé cet homme qui exerçait une fascination extraordinaire. Dans l'intimité avec ses disciples,

(1) A la Cour. — Lettre de M. de Lamennais à Mlle de Trémerenc, 10 mai 1822.

(2) Lettre M. de Lamennais à Mlle Lucinière, 23 mai 1822.

(3) *Id.*, à la même, 15 mai 1824.

on disait de lui qu'il était le plus caressant et le plus paternel des hommes (1). « Nature étrange vraiment que cette nature mêlée de sourires et de colères, de pleurs attendris et de mugissements terribles (2). » Ajoutons, peu faite sur le modèle de Celui qui a dit : *Apprenez de moi que je suis doux et humble de cœur;* et : *Si vous ne devenez semblable à un enfant, vous n'entrerez pas dans le royaume des cieux.* Douceur, humilité, soumission, abnégation, mépris de soi, M. de Lamennais comprenait-il ces vertus ?

M. Le Tourneur ne pouvait le suivre dans ses idées philosophiques ; bien qu'il ait eu l'esprit ouvert aux besoins du temps, il était surtout attaché aux traditions. Il essayait de tempérer, avec son jugement si droit, ce qu'il trouvait d'excessif et de faux dans l'enseignement de son ami ; prêtre avant tout, fortement imprégné d'esprit sacerdotal, solidement fixé à la sainte Eglise et soumis à tous ses enseignements, il ne faillit jamais dans sa foi, ni dans son absolue soumission envers elle.

C'est pourquoi, s'apercevant des tendances fâcheuses de celui qui avait osé s'écrier : « Si l'on rejette mes théories, je ne vois aucun moyen de défendre solidement la religion (3) », M. Le Tourneur lui fit une proposition : c'était de *s'avertir mutuellement si l'un d'eux s'écartait de la bonne voie* (4). Lamennais

(1) Montalembert. *Le P. Lacordaire*, 408.
(2) Mgr Ricard. *Lamennais*, 180.
(3) Lettre de M. de Lamennais à M. Carron, 1er novembre 1820.
(4) Communication de M. Navelot, alors curé de Fouchères.

accepta avec une entière sincérité, croyons-nous, — ce n'était pas dans son caractère de feindre et de dissimuler. Hélas ! de cet avertissement, quand le moment en fut venu, il ne tint aucun compte.

L'âme remplie de tristesse et d'appréhension déjà, M. Le Tourneur ne pensait-il pas à lui lorsqu'il écrivait : « Condamnés à vivre dans des jours de déception et de mensonge, environnés d'illusions et de prestiges, voyant tant de personnes sages, habiles, quelquefois vertueuses abusées par des idées de progrès, d'améliorations, par mille fantastiques espérances, comment ne pas craindre de se laisser prendre au piège ? Comment, me dira-t-on, échapper à cet engouement des nouveaux systèmes, des nouvelles découvertes, de la nouvelle morale et même des nouvelles interprétations des croyances, des pratiques et des devoirs religieux ? *En suivant Jésus-Christ*, répondrai-je, *sa doctrine, ses exemples, son esprit, son Eglise* à qui il a confié le dépôt des saintes doctrines, son autorité pour diriger ses enfants dans la foi. Il a dit : « *Qui vous écoute, m'écoute ; qui vous méprise, me méprise. Celui qui me suit marchera à la lumière de la vie.* O la douce promesse ! *Lumière vivante* qui ne s'éteindra ni ne faiblira jamais, dont la contemplation réjouit l'âme comme la lumière du soleil charme et réjouit les yeux (1). »

Certes, d'après les meilleurs juges, l'Ecole menaisienne s'était donné une tâche magnifique. Mais

(1) Article de l'*Année chrétienne*, I.

Montalembert lui-même, avoue que « Lamennais, à cause de son âpre et violent génie, était l'homme le moins propre à l'accomplir. Œuvre de patience et de douceur, d'obéissance et d'amour, de justice et de prudence, elle devait, pour aboutir, ne pas rester une infructueuse équipée, se produire à l'heure de Dieu, avec l'appui de l'épiscopat et sous la direction suprême de la papauté (1) ».

Telle était la pensée de M. Le Tourneur ; aussi se tenait-il sur la réserve. Il est probable qu'il passa seulement à la Chesnaye quand son ministère l'appelait en Bretagne où il prêcha, notamment à Rennes à la fin de novembre 1826, un jubilé duquel M. de Lamennais écrivait : « Le jubilé fait merveille à Rennes, l'abbé Le Tourneur prêche (2). »

Il s'adonnait avec zèle à ce ministère de la prédication, quand M. de Simoney, nommé évêque de Soissons, lui proposa un poste à l'évêché.

(1) Lecanuet, *Montalembert*, I, 131.
(2) Lettre de M. de Lamennais, *passim*.

CHAPITRE X

M. Le Tourneur vicaire général de Mgr de Simony. — Ses rapports cordiaux avec l'évêque. — Il est doyen du Chapitre. — Proposé pour l'épiscopat.

M. Jules de Simony, nommé évêque de Soissons, fut sacré dans la chapelle du séminaire Saint-Sulpice, le 24 avril 1825. Sa première pensée, en prenant possession de son siège, fut d'appeler auprès de lui M. Le Tourneur, qui accepta d'autant plus la proposition de son ami qu'il se trouvait à une heure de sa vie où l'épreuve ne lui était pas ménagée. Les adversaires de M. de Lamennais lui faisaient un crime de ses relations passées avec lui ; ses admirateurs, au contraire, lui reprochaient d'abandonner le maître ; l'agitation des esprits était si vive, la haine ou l'amour si forts, que le jugement de plusieurs n'était plus sain et que la passion dominait en beaucoup.

M. Le Tourneur souffrait de cet état de choses. M. de Lamennais écrivait le 14 février 1825 : « ... Je suis de votre avis, au sujet du pauvre abbé Le Tourneur. Viendra-t-il ici, restera-t-il là ? Peut-être ni l'un ni l'autre... Je prie Dieu qu'il l'éclaire et qu'il veille sur lui (1). » Rencontrait-il encore d'autres difficultés que nous ignorons? c'est fort probable.

L'injustice le révoltait ; l'extrême vivacité de son esprit, son tempérament sanguin, son caractère emporté donnent la mesure de sa vertu quand il lui fallait pratiquer la patience. Cependant, avec son grand esprit de foi, il écrivait ces lignes : « Qui osera donc se plaindre des imputations mensongères et des plus noires calomnies ? Qui pourra même s'étonner des jugements du monde les plus injustes et les plus odieux, et se croire à l'abri des plus indignes accusations ? Notre-Seigneur était bien lui-même la matière de toutes les conversations pour un temps ; les uns disaient : « C'est un homme de bien », d'autres affirmaient : « Il séduit le peuple. » On alla même jusqu'à l'appeler un homme de bonne chair possédé du démon ! »

Quand Mgr de Simony lui dit : « Venez à Soissons, vous y trouverez la paix, un ami et du bien à faire », M. Le Tourneur accepta la charge de vicaire général et le titre de chanoine de Soissons. A l'exemple de Jésus, se reposant de ses labeurs au doux pays de Béthanie, il vint et écrivit : « Son Cœur adorable a connu l'amitié, ce sentiment si bon qui répand tant de charme sur l'existence, qui est si puissant pour calmer les souffrances, pour alléger le poids de la douleur... »

« Mgr de Simony, nous dit M. l'abbé Péronne,

(1) Lettre de M. de Lamennais à Mlle Lucinière.

choisit pour ses conseillers habituels les hommes les plus distingués par leur science et par leur vertu. Le discernement admirable de ce sage prélat le servit à souhait. Il suffit de nommer MM. de Beauregard, Fromantin, de la Loge, de Bully, Le Tourneur, de Marguery, de Garsignies et enfin M. Ruellan et M. Lequeux qui lui prêtèrent le concours d'une science éminente et d'une prudence consommée (1). »

Un prêtre soissonnais fait en particulier l'éloge de M. Le Tourneur : « C'était un ecclésiastique d'un caractère grave, savant, d'une vive piété, excellent écrivain, d'un rare talent pour la prédication et déjà d'une grande renommée par toute la France (2). »

M. Le Tourneur, qui d'abord était vicaire général honoraire, fut installé chanoine titulaire et vicaire général agréé par le roi, le 28 juillet 1826, doyen du Chapitre, le 28 mars 1828 (3).

Charles X, se souvenant du *prédicateur du roi* qu'il avait entendu maintes fois sous le règne précédent, voulut, vers cette époque, le nommer évêque. M. Le Tourneur en eut une vive appréhension et consulta Mgr de Simony qui approuva son refus. Lui-même raconte humblement ce fait : « Je ne fus pas évêque en 1827 parce que Mgr de Simony, qui

(1) M. l'abbé Péronne, *Vie de Mgr de Simony*, 422.

(2) M. l'abbé Pêcheur, *Annales du diocèse de Soissons*, X.

(3) Id., *ibid*, et Almanach du clergé, Almanach royal. C'est par erreur que plusieurs auteurs le font vicaire général de Beauvais ou d'Amiens, ou de Rennes. M. Le Tourneur ne fut jamais vicaire général que de Mgr de Simony, évêque de Soissons.

sentait jusqu'où il faut porter la douceur dans l'administration, me trouvait encore trop caustique et pétulant (1). »

Nous savons peu de chose de son séjour à Soissons (2). Plusieurs le trouvaient sévère, d'une austérité trop grande, d'une vivacité extrême ; les paroles que nous venons de citer semblent confirmer ce jugement. D'autres, sans s'arrêter plus qu'il ne convient à quelques défauts extérieurs, ces coups de boutoir d'une nature prompte, selon l'expression de Mgr Ricard, voyaient et admiraient la fermeté, la droiture, le jugement droit, le grand cœur que voilaient seulement un peu, chez le vicaire général, ces défauts, toujours combattus et jamais complètement vaincus.

(1) Péronne, *op. cit.*

(2) Si l'on en croit la *Biographie du Clergé contemporain*, il n'y fut pas apprécié ; mais on sait dans quel esprit cela a été écrit. L'auteur, ou les auteurs, avaient demandé des notes à Mgr de Simony qui refusa absolument d'en fournir. On lui fit entendre alors que l'on composerait sans documents. L'évêque se contenta de répondre : « Qu'ils fassent ce qu'ils veulent ! » Cité par M. Péronne. C'est ce qui explique les nombreuses erreurs sur l'histoire que nous y avons relevées. L'auteur est *l'abbé Barbier*, séminariste à Troyes, vers 1840. Il fut promu au diaconat et renvoyé par son évêque pour une escapade qui aurait dû le retarder sans le faire expulser. Se trouvant dans une position fausse, il alla trouver un ami qui était employé à la direction des Cultes. Celui-ci l'engagea à faire la biographie des évêques contemporains. Barbier réussit si bien, aidé qu'il était par les documents fournis par l'employé, qu'il fit une trentaine de ces silhouettes ; il fut invité par plusieurs évêques qu'il n'avait pas égratignés à venir les voir. L'un d'eux lui proposa d'entrer momentanément dans son séminaire et lui promit de l'ordonner prêtre, ce qui arriva. Il y avait en même temps un nommé Martinet, professeur au Grand Séminaire de Saint-Flour, qui fit paraître quelques opuscules mordants, *par un Solitaire Auvergnat.* (Notes de M. l'abbé H... sur un opuscule de la Biographie.) Voilà les auteurs, peu dignes de foi, qui publièrent ces pamphlets.

Ne pourrait-on pas dire de M. Le Tourneur que, né en un temps d'orage, ayant grandi parmi les émeutes, s'étant façonné auprès des prisons et des échafauds, il y avait pris cette fermeté un peu rude que donnent de continuels dangers, des émotions fortement réprimées, une jeunesse formée durement à l'école du malheur ?

Inflexible en tout ce qui touchait au devoir (1), il avait en lui un fonds de justice qui ne lui permettait pas de tolérer le mal. Parmi les événements dont nous parlons, il avait conservé intacte sa vocation ; sa foi, au lieu de fléchir à la vue des persécutions et des attaques sans cesse renouvelées contre la religion, cette foi s'était affermie et ses vertus robustes n'étaient pas toujours, avouons-le, revêtues de cette tolérance et de cette longanimité nécessaires à ceux qui sont dépositaires de l'autorité ; ce lui sera plus tard un écueil quand il sera chargé de gouverner un diocèse.

Heureusement, M. de Simony était là pour tempérer, par sa mansuétude et son indulgence, l'action de son vicaire général, dont on a peut-être exagéré la manière, puisque nous trouvons, sous la même plume, ces mots : « *Inflexible en tout ce qui touchait au devoir, il était pour le reste d'une inépuisable complaisance* (2). » C'est dire que son cœur était bon, et n'est-ce pas plutôt faire son éloge ?

(1) Nous aimons à trouver cette phrase sous la plume du *Solitaire*, VIII.
(2) Id., *ibid.*

Les deux amis vivaient dans la plus étroite intimité et dans une simplicité conforme à leurs goûts, faisant le bien sans éclat. On faisait remarquer un jour à l'évêque que le diocèse de Soissons était l'un de ceux dont on parlait le moins. « Tant mieux, fit-il, il importe peu que nous soyons connus des hommes, pourvu que nous le soyons de Dieu. »

Combien d'actes de piété, de charité, n'aurions-nous pas à admirer si ces deux âmes, bien unies et aimant Dieu profondément, avaient laissé percer quelque chose de leur vie intérieure ! M. l'abbé Péronne écrivait, en parlant de Mgr de Simony, qu' « il pratiquait la vie cachée dans la place la plus éminente ». Tous les besoins des malheureux le touchaient, toutes les misères l'attiraient, il donnait tout ce qu'il avait. M. Le Tourneur disait alors : « En vérité, je ne sais où notre digne évêque peut trouver tout ce qu'il donne ! » Mais, à la différence de Mgr de Simony, dont la fortune était considérable, M. Le Tourneur ne possédait que de modestes ressources. Sa grande simplicité, l'ordre sévère qu'il mettait à ses dépenses personnelles, son esprit de mortification, son ardent amour pour les pauvres et les œuvres lui faisaient trouver le secret de donner des aumônes relativement importantes.

Le vicaire général n'oubliait pas qu'il était aussi prédicateur. Il prêcha beaucoup dans le diocèse ; il prêcha quelquefois dans différents pays (1), et

(1) Dans les missions qu'il donnait, il avait parfois la véhémence du missionnaire, quand il s'adressait aux pécheurs qu'il voulait

retourna en Bretagne où il revit sans doute M. de Lamennais. M. Le Tourneur ne pouvait être indifférent à ce qui se passait. L'apparition du journal *l'Avenir* avait fait sensation. Lacordaire y écrivit alors : « Entendez-vous ces gens qui vont publiant que nous sommes morts ? Prêtres, laïques, hommes, femmes, enfants, vieillards, donnez-leur un démenti d'action. Que nul n'attende pour cela son voisin, que chacun se montre vivant (1). » Ces belles phrases soulevaient des applaudissements. Ce journal était « rempli d'idées généreuses et hardies, dit le R. P. Lecanuet, idées justes et lumineuses dans l'ensemble, téméraires et erronées sur quelques points, idées, dont certaines demandaient peut-être un siècle pour arriver à maturité (2) ».

ramener à Dieu. Il lui arriva de dire qu' « ils se damnaient bêtement ». On lui en fit un crime. — Ne pourrait-on pas lui appliquer ce mot du P. Combalot : « Saint François de Sales a dit qu'on attrape plus de mouches avec du miel qu'avec du vinaigre. C'est vrai, mes frères, mais quand il s'agit des loups, *distinguo.* »

(1) *L'Avenir*, 2 janvier 1831.

(2) Lecanuet, *Montalembert*, 1, 153.

Ne peut-on faire quelque rapprochement entre les idées de M. de Lamennais avant sa chute avec l'encyclique *De conditione opificum* de Léon XIII, de laquelle M. Leroy-Beaulieu — un écrivain plus libéral que chrétien — écrivait : « C'est le baiser du Christ à ses pauvres et l'embrassement du peuple par l'Eglise. » (*La Papauté*, 16.) Et Georges Goyau : « Entre les idées de l'*Avenir* et les doctrines de l'encyclique *Rerum novarum*, interprétées loyalement par la démocratie chrétienne, les analogies abondent. Analogies, disons-nous, mais non point identités. » (*Autour du catholicisme social*, 44.) Et Lecanuet : « Si, en notre siècle si agité, l'*Avenir* pouvait tout à coup réapparaître avec sa généreuse vaillance, ses idées d'avant-garde et le génie de ses rédacteurs, qui donc dénoncerait à Rome ses tendances démocratiques et sociales ? (*Montalembert*, I, 269.) Cependant, ces idées ne préparaient-elles pas le *Modernisme* condamné de nos jours ?

Peu à peu, sous la pression des circonstances, ce qui atténue leur responsabilité, ses disciples, déviant de la ligne droite s'égarèrent dans la voie périlleuse du libéralisme absolu (1). « L'erreur libérale, dit Mgr d'Hulst, met le droit des hommes au-dessus du droit de Dieu (2). » Cela est vrai surtout de l'Ecole de l'*Avenir* qui fut atteint par l'acte de Grégoire XVI en 1832 (3), dans les encycliques *Mirari vos* et *Singulari vos* (1833).

M. Le Tourneur, ému de tant de bruit et de tant de périls, dut alors employer toutes les ressources de son esprit et de son cœur, pour retenir sur la pente celui qu'il avait beaucoup aimé. Nous avons vu que ce fut sans résultat. En rentrant à Soissons, il pouvait relire, dans la tristesse de son âme, cette page de l'Imitation qu'il avait écrite jadis, de concert avec Lamennais (4) : « *Es-tu donc chargé de gouverner mon Eglise ? Que n'en laisses-tu le soin à ceux que ma grâce a choisis, et que dirige mon Esprit ? Ne sont-ce pas tes propres idées et tes vues personnelles que tu prétends défendre, plutôt que mon Eglise ? Obéis ; sortir de soi-même, c'est être libre... Alors arrivent les chutes terribles qui étonnent et consternent, les chutes inattendues, effroyables exemples des jugements divins... Prends garde à l'orgueil, car il est le père de la haine, de l'envie, de la*

(1) G. Sortais. *Les catholiques français et le droit commun*. Etudes, 5 décembre 1905.

(2) Mgr d'Hulst. *Le droit chrétien et le droit moderne*, p. XIII.

(3) *Id.* Conférence à N.-D., 1895, p. 379.

(4) *Journal de Verdun*, n° 1033.

violence, de la fausse sécurité et de l'endurcissement. Sorti de l'abîme, il s'y replonge ; le reste est le mystère de l'éternelle justice (1). »

Cette page, ce rapprochement ne donnent-ils pas le frisson ?

Du moins, le prêtre révolté n'entraîna pas ses amis dans sa chute (2), et ce fut, peut-être, un exemple unique dans l'histoire de l'Eglise. Depuis cette époque, nous n'avons plus trouvé aucune trace de ses rapports avec M. Le Tourneur.

(1) Réflexions sur l'*Imitation*, liv. III.

(2) On sait qu'au moment de sa mort, il refusa tout secours religieux. Mme Blaize, sa nièce, raconte à M. l'abbé Combalot, qu'au moment où la vie s'éteignait, se penchant sur lui, elle l'avait entendu murmurer distinctement ces mots : « Mon Dieu, ayez pitié de moi ! » Mgr Ricard. *L'abbé Combalot*, 133.

CHAPITRE XI

Quelques mots sur les événements de 1830. — M. Le Tourneur appelé par Mgr de Quélen à prendre possession d'un canonicat vacant. — Il donne sa démission de vicaire général et doyen du Chapitre de Soissons. — Les stations de Versailles, Amiens, etc. — M. Le Tourneur est nommé évêque de Verdun.

« L'amour de l'indépendance, écrivait M. Le Tourneur, l'indépendance, fille de l'orgueil, la superbe dominatrice des enfants d'Adam, si habile à les séduire, si puissante pour les charmer, que les tristes servitudes sous lesquelles elle les humilie leur fait croire qu'ils sont affranchis, tandis qu'elle les pousse dans des pièges : voilà l'une des funestes maladies du genre humain qui, à certaines époques, le travaillent si violemment, que la société semble menacée d'une dissolution prochaine, chacun prétendant ne relever que de sa volonté, ne voulant reconnaître aucune domination ni aucun maître, pas même Celui qui est assis dans les cieux (1). »

M. Le Tourneur, en écrivant ces lignes, faisait le tableau de la société d'alors. En 1830, l'agitation, l'insubordination se faisaient sentir, l'athéisme régnait

(1) *L'Année du chrétien*, I, 225.

jusque dans la jeunesse (1). Il y avait longtemps déjà que M. de Portalis avait dit : « Il est temps d'appeler la religion au secours de la société. » C'est avec une perversité habile que s'était organisée une entreprise de calomnies contre les ministres du culte, et chaque jour *le parti prêtre* — comme on disait alors — était attaqué et bafoué ; les passions hostiles hurlaient contre le sacerdoce catholique ; c'était le temps des croix abattues et des églises pillées (2).

Le 28 juillet, Paris s'éveille au bruit du canon. Une bande hideuse parcourt les rues en criant : « Mort aux prêtres ! » Mgr de Quélen, heureusement absent, était tout d'abord visé. Rentré à Paris, il court les plus grands dangers, et doit se réfugier d'asile en asile pour faire perdre ses traces. « La dévastation de Saint-Germain l'Auxerrois et le sac de l'archevêché renouvellent les plus abominables saturnales de la Terreur... A l'orgie se mêle le blasphème,

(1) M. Armand de Melun raconte dans ses *Mémoires* : « Un jour, pendant que nous faisions notre philosophie à Sainte-Barbe, il nous prit fantaisie de discuter sur l'existence de Dieu. La discussion fut vive et approfondie, *l'existence de Dieu obtint la majorité d'une voix*. Je votai pour le bon Dieu. Telle était la religion des collèges de l'Etat. » Mgr Baunard, *Le vic. de Melun, d'après sa corr. et ses Mém.*, 14.

(2) Poujoulat, *Mgr Sibour*.

Il n'est pas une époque qui ait accumulé plus de ruines que ces quinze années de Restauration, il faut bien le dire. Cette Restauration qui, ce semble, avait mission de restaurer et de conserver les monuments du passé, les détruisit ou les laissa détruire. Le gouvernement transformait en prisons les plus illustres abbayes. Une Société financière, *La Bande noire*, se fonda peu après (1832) ; elle achetait, pour les démolir, les châteaux, les monastères, les chapelles, tous les débris artistiques de l'ancienne France, et le sol, vendu en détail aux paysans et aux industriels, lui rapportait d'immenses bénéfices.

comme pour braver Dieu qui tient la coupe des fléaux suspendue sur la tête des peuples (1). »

Le lecteur se souvient de la vieille amitié quiexistait entre Mgr de Quélen et M. Le Tourneur ; elle avait commencé au séminaire de la *Vache noire*, elle s'alimenta au faubourg Saint-Germain où les deux prêtres se voyaient souvent ; devenu archevêque de Paris, Mgr de Quélen ne perdit pas de vue celui qui avait été son condisciple ; et celui-ci, le sachant ardent royaliste, se préoccupait à son sujet. Il apprit où était le lieu de sa retraite et sut que le bon Pasteur usait de toute son autorité pour apaiser les esprits et prêcher le pardon : « Soyez miséricordieux, disait-il à ses prêtres, comme votre Père céleste qui fait lever son soleil sur les méchants et sur les bons ; *voilà toute ma politique ;* c'est celle de saint Vincent de Paul qui, au sein des factions qui déchiraient le pays, répondait à ceux qui l'interrogeaient sur ses opinions : « Je suis pour Dieu et pour les pauvres (2). »

En 1831, c'est chez les dames du Sacré-Cœur (ancien hôtel Biron) que M. Le Tourneur put le voir. L'archevêque s'y était réfugié et il n'osait encore sortir pour se montrer au public. Ce ne fut qu'en 1832 qu'à la tête de son clergé, on le vit parcourir les quartiers plus éprouvés par le choléra, visiter les hôpitaux, organiser les ambulances et procurer aux cholériques les secours de sa charité comme ceux de son minis-

(1) Mgr Baunard. *Mme Barrat*, II, 20.

(2) Aux curés de Paris, cité par le bar. Henrion : *Vie de Mgr de Quélen*, 214.

tère. Il fit plus : le 23 avril parut une lettre pastorale annonçant qu'il adoptait les orphelins et orphelines pauvres que le fléau multipliait chaque jour par centaines dans son diocèse (1). Voilà quelle était la vengeance de ce prélat : il nourrissait et élevait les enfants de ceux qui avaient tenté de l'assassiner et qui avaient pillé son archevêché.

De Soissons, M. Le Tourneur venait quelquefois à Paris ; c'était toujours avec bonheur qu'il retrouvait son diocèse d'origine et qu'il y dispensait la parole de Dieu. En 1834 (2), il s'y fixa de nouveau et accepta, de Mgr de Quélen, un canonicat à l'église métropolitaine. Tout en donnant sa démission de vicaire général, M. Le Tourneur resta en d'excellents termes avec Mgr de Simony qu'il revit lorsqu'il fut proposé pour l'épiscopat et laissa, dans le diocèse de Soissons, quoi qu'en dise *le Solitaire*, la réputation d' « un vicaire général vigilant et dévoué (3) ».

Il quittait un ami pour en retrouver un autre. Outre Mgr de Quélen son archevêque, qui lui témoignait une réelle affection, il retrouvait aussi M. Lucotte, chanoine titulaire, qui avait exercé le ministère en même temps que lui à Saint-Thomas d'Aquin. Il devait peu jouir de sa présence (4). C'est de ces deux prêtres qu'un prélat écrivait, quelques années plus tard : « Il

(1) Mgr Baunard, *op. cit.*, II, 46.
Le choléra de 1832 fit à Paris 18.406 victimes sur une population de 645.698 âmes. E. Biré, *Armand de Pontmartin* 61.

(2) Almanach royal de 1835.

(3) Notes de M. Daix.

(4) M. Lucotte mourut le mardi saint, avril 1836.

fut un temps où, vous le savez, nous étions quatre nous aimant beaucoup, Mgr Le Tourneur, le bon Lucotte, vous et moi. Il ne reste plus que vous et moi (1). »

L'*Ami de la Religion* annonce son retour à Paris : « M. Le Tourneur vient d'être nommé, par l'archevêque, au canonicat vacant par la mort de M. l'abbé d'Ecuy. Il a donné sa démission de vicaire général et doyen du Chapitre de Soissons pour rentrer dans le diocèse où il a longtemps exercé le ministère ; il s'est distingué surtout par ses prédications ; il y a peu d'églises de la capitale où ses talents et la piété de sa parole n'aient porté des fruits (2). »

M. Le Tourneur habita, comme par le passé, au faubourg St-Germain (3). Il revit, dans cette espèce de retraite, plusieurs de ses ouvrages, notamment le « *Mois de la Sainte Enfance* » pour une nouvelle édition (4), et travailla à l' « *Année du Chrétien* », composée d'après ses sermons. En 1836, il prêcha le Carême à Versailles (5), où le clergé et les fidèles lui donnèrent à l'envi des témoignages d'estime. Au mois de novembre de la même année, il fut appelé à Amiens par M. le Curé de St-Remi, pour donner les sermons de l'Avent. Il traita principalement des

(1) Lettre de Mgr Manglard à Mgr de Simony, 1er février 1848.

(2) *L'Ami de la Religion,* LXXX, 295.

(3) *Annales du diocèse de Soissons,* X.

(4) Dans l' « *Année du Chrétien* », le temps de l'Avent avait paru déjà sous le titre de « *Mois de la Sainte Enfance* ». Lettre de Mgr Le Tourneur à la comtesse de Nettancourt, 9 octobre 1842. Communiquée par son fils, M. le comte de Nettancourt-Vaubecourt.

(5) *L'Ami de la Religion,* LXXXIX, 102.

grandes vérités de la foi : le jugement, la divinité de la religion chrétienne, la Conception immaculée de Marie, l'Incarnation, la connaissance de Notre-Seigneur Jésus-Christ, et la manière de se préparer, selon l'esprit de l'Evangile, aux solennités qu'elle célèbre au cours de l'année. Nous lisons ce rapport : « La réputation de l'orateur, la manière solide, complète et attachante dont il a traité ces différentes vérités, et surtout la piété que ses discours respirent, ont constamment attiré autour de sa chaire un grand concours d'auditeurs. Quand la nomination (1) de M. Le Tourneur à l'évêché de Verdun fut connue, l'empressement se montra plus grand encore; on croyait, en l'entendant, ressentir déjà quelque chose de la vertu et de la parole pontificales. Le jour de Noël, le prédicateur fit aux paroissiens et au curé, dont il était l'ami, les plus touchants adieux. Il réclama les prières du religieux auditoire pour le diocèse qu'il est appelé à gouverner et pour lui-même, effrayé qu'il est des immenses devoirs qui vont lui être imposés (2). »

M. Le Tourneur n'avait pas accepté l'épiscopat sans consulter à nouveau Mgr de Simony. Il nous fait lui-même connaître, avec la même humble simplicité qu'une première fois, la réponse de l'évêque de Soissons : « Maintenant que vous vous êtes brisé à vingt écueils, me dit-il, allez; vous avez encore assez de vigueur et vous comprenez ce qu'il faut de

(1) Le 30 novembre 1836.
(2) *L'Ami de la Religion*, XCII, 23.

bonté pour gouverner les âmes ; laissez-vous imposer les mains (1). » C'est auprès de lui qu'il fit un assez long séjour (2). Nommé le 30 novembre 1836, il ne fut préconisé que le 19 mai 1837.

Pour se préparer à l'épiscopat, M. Le Tourneur fit une retraite de dix jours au Séminaire de Saint-Sulpice (3). Le jeudi 22 juin, il prêta serment aux Tuileries (4), et fut sacré le dimanche 25 dans la chapelle des Dames du Sacré-Cœur par Mgr de Quélen (5). Les prélats assistants étaient Mgr Blanquart de Bailleul (6), évêque de Versailles, et Mgr de Forbin-Janson, évêque de Nancy. Le coadjuteur de ce dernier, Mgr Donnet, nommé archevêque de Bordeaux, recevait alors le *pallium*, l'Internonce était présent, ainsi que beaucoup d'ecclésiastiques, dont plusieurs du diocèse de Verdun, les députés du département de la Meuse et d'autres personnes de distinction.

Le cardinal Mathieu, archevêque de Besançon, qui prenait une grande part à la nomination des évêques de France, avait d'abord présenté M. Mioland, Supérieur des Missionnaires de Lyon, pour l'évêché de Verdun. M. Mioland n'accepta pas. Apprenant la nomination de M. Le Tourneur, le cardinal *s'estima heureux d'avoir obtenu un tel suffragant*. Le Cha-

(1) Péronne, *op. cit.*
(2) *Annales du diocèse de Soissons*, X.
(3) *L'Ami de la Religion*, XCIII, 564.
(4) Id., *ibid.*, 596.
(5) Id., *ibid.*
(6) M. Blanquart de Bailleul avait été, en même temps que M. Le Tourneur, à Saint-Sulpice et à Saint-Thomas d'Aquin.

pitre de Verdun, de son côté, adressa ses félicitations à l'archevêque de Besançon (1).

Il succédait à Mgr Valayer, que de cruelles infirmités déterminèrent à donner sa démission. En quittant son église, ce vénérable Pontife s'exprima ainsi au sujet de son successeur : « Nous savons son zèle éclairé, sa foi vive, sa piété tendre ; nous connaissons sa prudente fermeté, son attachement aux saines doctrines et sa grande érudition. Nous ne vous dirons rien de cette éloquence persuasive, de cette facilité d'élocution qui le distinguent ; vous l'entendrez vous-mêmes, nos très chers Frères, et recueillerez les fruits qui seront attachés à sa paternelle mission, car nous sommes convaincu que vous seconderez le ministère de dévouement et de charité qu'il exercera au milieu du troupeau que nous allons lui laisser, et que vous le recevrez comme un ange du Seigneur, que vous l'investirez de toute la soumission due à son caractère sacré et aux rares qualités qui le rendent recommandable (2). »

Nous lisons dans l'*Univers*, à la date du 27 juin 1837 : « Dès jeudi, le prélat part pour Verdun, accompagné seulement de l'homme apostolique qui va successivement prêcher une double retraite pastorale au clergé du diocèse ; car le digne Pontife veut immédiatement, avant toute mesure, avant toute organisation, faire connaissance avec ses prêtres, se bien pénétrer de l'état et des besoins de l'Eglise qu'il doit

(1) Mgr Besson. *Vie du card. Mathieu*, I, 223.
(2) Mandement du 16 janvier 1837.

régir. Un tel début et les qualités personnelles du prélat garantissent au diocèse de Verdun un épiscopat riche en bénédictions spirituelles. »

Mgr Le Tourneur prit pour ses armes : *D'azur à l'autel d'argent,* et pour devise, ces mots de saint Paul : *Super impendat ipse* (3).

(3) *Impendar et superimpendar ipse pro animabus vestris.*

TROISIÈME PARTIE

Monseigneur Le Tourneur évêque de Verdun.

CHAPITRE XII

Mgr Le Tourneur visite le sanctuaire de Benoîte-Vaux avant de prendre possession de son siège. —Son premier mandement. — Son zèle pour la sanctification du clergé et des fidèles : retraites et missions. — Le jugement *des anciens* sur son administration. — L'évêque de Verdun est nommé assistant au Trône pontifical.

Avant de prendre possession du siège de Verdun, le nouvel évêque voulut implorer le secours de la sainte Vierge pour laquelle nous connaissons sa filiale dévotion. C'est sous la protection de Notre-Dame de Benoîte-Vaux, la Vierge vénérée au pays meusien, qu'il mit son épiscopat.

Le petit vallon qui a nom Benoîte-Vaux était alors presque inabordable, quoique fréquenté depuis des siècles par de pieux pèlerins. Les belles routes dont nous profitons aujourd'hui n'existaient pas ; on n'avait jamais eu l'idée d'arriver en voiture jusqu'au hameau perdu au fond des bois. Il fallut toute l'industrieuse intelligence du comte de Nettancourt pour conduire le prélat dans un véhicule jusqu'au pays. Là, aux pieds de la Vierge Mère, dans le silence de la paix, Mgr Le Tourneur pria et ce lui fut, dit-il, « une douce joie ».

« C'est avec un filial abandon qu'avant de toucher le seuil de ma ville épiscopale, je consacrai à Notre-Dame de Benoîte-Vaux ma personne et mon diocèse. » De là, Sa Grandeur alla à Thillombois. Un domestique tenait le cheval par la bride dans des sentiers bordés de profondes ornières et foulés jusque-là seulement par les charretiers qui faisaient le transport du bois. Afin de faire passer la voiture jusqu'au château, M. de Nettancourt fit construire un pont rustique qui conserva le nom de *Pont-l'Evêque* (1).

Le comte, qui était un habitué des prédications de l'abbé Le Tourneur, à Paris, et qui l'avait entendu à la cour de Louis XVIII, avait pour lui une grande estime et un profond attachement (2). Aussi l'abbé, devenu évêque et comptant, parmi ses diocésains, cette famille déjà connue et aimée, se plaira-t-il de temps en temps à venir réclamer l'hospitalité large, charmante, intime que lui offriront M. et Mme de Nettancourt. Ce fut un bonheur pour leurs enfants, alors très jeunes, de recevoir les bénédictions et les paternelles caresses de cet évêque, doux à l'enfance, qui laissa un souvenir si vivace que le petit garçon devenu septuagénaire nous disait : « L'impression des visites, trop rares à notre gré, du prélat ne s'est jamais effacée de ma mémoire (3). »

(1) Notes du comte de Nettancourt-Vaubecourt.
(2) *Id.*
(3) *Id.*

Le lundi 2 juillet, Mgr Le Tourneur fit son entrée à Verdun. Il occupa ce siège au moment où l'on craignait de le voir supprimé. Ce fut donc avec une double joie que ses diocésains le reçurent : et parce qu'il était un pontife « remarquable par ses qualités », et parce que, profondément affiigés à la pensée d'une telle perspective, le clergé et les fidèles de l'Eglise de Verdun, que l'on a nommée *la patrie des Saints*, voyaient leurs espérances réalisées (1).

« La patrie des saints », disait Mgr Valayer. En effet, les noms des *dix premiers évêques*, sans interruption, sont précédés du nom de *saint* (2). Elle vivait donc, cette glorieuse Eglise, elle vivait après avoir craint la mort ; et elle sentit en elle-même comme un surcroît de vie à la vue du Pontife que la renommée avait devancé, venant à elle avec cette devise généreuse : *Super impendar ipse,* image du don entier, plein, généreux, excessif de soi-même et qui choisissait, pour ses armes, l'autel sacré, perpétuel symbole de l'immolation et de l'amour.

En arrivant dans son diocèse, Mgr Le Tourneur y voit encore, comme en d'autres points de la France, « les restes du paganisme révolutionnaire ». Mais il remarque aussi, et c'est sa consolation, une réserve précieuse parmi son peuple. Cette

(1) Mandement de Mgr Valayer, 16 janvier 1837. — Mgr Valayer mourut à Avignon, le 28 avril 1850.

(2) Les saints : Saintin, Maur, Salvin, Arateur, Pulchrone, Possesseur, Firmin, Vannes, Désiré, Airy, Paul, Madalvé, *Pouillé du diocèse de Verdun*, I.

réserve est fournie par toutes les classes de la société et composée des fidèles qui ont su garder la foi, conserver une conscience droite et délicate, des notions justes et de fortes convictions, qui vivent en chrétiens selon l'esprit de la religion. Le nouvel évêque s'exprime ainsi dans son premier mandement : « Nous avons appris vos épreuves multipliées, votre affliction sans cesse renaissante. Nous savions que, trois fois orphelins en quelques années, vous n'aviez vu, ce semble, votre antique Eglise sortir de ses ruines, que pour la voir porter, au milieu des alarmes, un deuil sans fin. Et comment ses malheurs qui ont excité un si vif intérêt parmi les vrais chrétiens, n'auraient-ils pas parlé plus haut encore au cœur de celui qui avait reçu la mission d'y remédier ? Pouvaient-ils même sortir un instant de sa pensée, lorsque de tous les points du diocèse, des prêtres selon le cœur de Dieu nous transmettaient journellement les vœux de votre piété, leurs angoisses et leurs inquiétudes ? Quand ils n'auraient pas été unanimes dans l'exposé qu'ils nous en faisaient, n'était-il pas évident que les plus nécessaires améliorations n'ont été essayées par les trois vénérés prélats (1) si promptement ravis à votre espérance, que les semences de bien répandues au milieu de vous par leurs soins, n'ont pu, faute de temps, germer et se développer; que le zèle, les talents et les vertus des sages déposi-

(1) NN. SS. d'Arbou, de Villeneuve, Valayer.

taires de l'autorité ne pouvaient suppléer entièrement à l'absence presque continuelle du premier Pasteur, et qu'enfin la discipline qui est la beauté extérieure de l'Eglise, et l'union qui fait sa force devaient en souffrir un notable préjudice (1) ? »

Mgr Le Tourneur venait gouverner un diocèse où de grandes difficultés l'attendaient. Pour relever le siège de Verdun, rétabli depuis peu (2), menacé plusieurs fois de suppression, occupé par des évêques qui ne firent que passer, « ce ne pouvait être que par de sages lenteurs, avec un système bien lié et persévéramment suivi, qu'une autorité ferme, douce et patiente, étudiant attentivement le caractère, les habitudes et les mœurs, pouvait gagner la confiance et opérer sans secousse et sans violence les changements et les réformes dont le temps et l'expérience auraient constaté les avantages et démontré la cessité »... « Par un effet inévitable, poursuit Mgr Le Tourneur, les esprits fatigués de ces variations devaient s'habituer à contrôler l'autorité, à discuter les obligations, au moins à s'éloigner de la religieuse simplicité et de l'obéissance (3). »

Nous citons un peu longuement les paroles de l'évêque pour faire prévoir au lecteur les difficultés qui l'attendaient dans son administration. Est-il étonnant que cette administration ait été parfois criti-

(1) Mandement de Mgr Le Tourneur à l'occasion de son installation, 2 juillet 1837.

(2) On sait qu'après le rétablissement du culte, le diocèse de Verdun fut rattaché à celui de Nancy. Le siège ne fut rétabli qu'en 1823.

(3) Mand. de Mgr Le Tourneur, 2 juillet 1837.

quée ? Le cardinal Mathieu, archevêque de Besançon, écrivait à un jeune évêque nommé vers la même époque : « Il est impossible de ne pas froisser bien des gens en administrant (1). » Le prélat laisse percer ses craintes et sa douleur. Il fait ici un tableau saisissant des malheurs de l'Eglise de France et s'écrie : « Pourvu que le souffle de l'impiété n'ait pas flétri le peuple de Lorraine ! Mais, grâce à la divine bonté, notre cœur ne sera pas mis à une si rude épreuve. Les populations confiées à notre sollicitude sont laborieuses et paisibles. L'antique foi, nous le savons, conserve son bienheureux empire sur les habitants de la Lorraine (2) ; et pour ceux même que le malheur des temps en a éloignés, elle est toujours l'objet d'une profonde vénération. Aussi parmi vous, N. T. C. F., nulle trace de profanation ne vient attrister nos regards. Les monuments de la piété n'ont pas été, comme en tant d'autres lieux, dévastés par une sacrilège fureur ; et le signe adorable du salut est encore debout dans vos villes comme dans vos campagnes pour consoler et soutenir ceux qui espèrent en lui et montrer à ceux qui se sont égarés la voie du retour.

« Un autre sujet d'action de grâces, comme il est pour nous un gage de paix et d'espérance, c'est que

(1) Le Card. Mathieu à Mgr Dupont des Loges, 6 janvier 1843.

(2) « Valeur éblouissante ; désintéressement sans égal, simplicité patriarcale charmante au milieu de l'amour des beaux-arts ; orthodoxie sans tache ; fidélité, générosité, martyre — et martyre non célébré : — voilà ce que veut dire le mot *Lorraine*, a écrit Montalembert. Lettre à M. Foisser.

l'Eglise de Verdun n'a jamais été déchirée par l'erreur ni ses enfants divisés par des croyances étrangères. Il n'y a parmi vous qu'une seule foi, qu'un seul baptême, qu'un seul Dieu qui est le Père de tous (Ephés., VI, 9), comme vous n'avez tous qu'une seule Mère, l'Eglise bâtie sur la Chaire de Pierre et fondement immuable de l'unité catholique... O précieuse unité, dernier objet de supplications de mon Sauveur, ô bienfait inestimable, trésor trop peu apprécié ! Gardez-le précisément, N. T. C. F., ne vous exposez pas à l'affreux malheur de le perdre. Fermez l'oreille aux astucieuses propositions qui tendraient à vous diviser, aux dangereux sophismes qui, sous prétexte de vous rappeler à la pureté primitive du culte ou de la doctrine, n'aboutiraient qu'à rompre cette chaîne sacrée dont le premier anneau est dans la main de saint Pierre et le dernier dans celle de son successeur vénéré, de l'auguste héritier de sa puissance et de ses droits. »

Sa Grandeur fait l'éloge du clergé meusien et ajoute : « Nous avons cru devoir nous refuser à des offres que nous faisaient des ecclésiastiques étrangers, malgré le mérite incontestable qui les recommandait après nous. Nous venons seul vers vous, parce que vous êtes désormais tout pour nous. Intérêt, affection, conseil et même dévouement, nous avons la confiance que nous trouverons tout auprès de vous ; et parce que nous sommes résolu à nous donner tout à vous, à immoler à votre utilité notre repos, notre santé, toute notre vie, nous avons comme un secret pressentiment que vous vous donnerez aussi tout à nous, comme de dignes enfants à un père qui ne veut vivre que pour eux. »

Nous disions que Mgr Le Tourneur quitta Paris avec un missionnaire. Il lui parut bon, avant toutes choses, de rétablir les retraites ecclésiastiques et conférences supprimées depuis dix ans, et de donner des missions dans les paroisses, afin de faire mieux connaître la religion et de ranimer la ferveur. Il aurait voulu, à l'imitation d'un de ses prédécesseurs, pouvoir parcourir lui-même les campagnes et y faire le catéchisme aux enfants et aux adultes, tant était grand son zèle et vif son désir d'instruire son peuple, d'implanter profondément la foi dans les âmes. En visitant les paroisses, l'évêque disait : « Je voudrais qu'il me fût possible, non seulement de visiter les plus petits hameaux, mais d'aller *de famille en famille* pour donner, à ceux qui gémissent dans la captivité des préjugés ou des passions, les avertissements salutaires de la foi, et les ramener à ces principes immuables de la morale chrétienne que les révolutions des empires et les bouleversements des idées et des mœurs ne peuvent ni changer, ni affaiblir. »

Maintes fois, il appelle les missionnaires, entre autres le P. Rousseau, jésuite de Metz, pour aider ses prêtres et attirer dans les églises les populations. « Et que me font, à moi, pouvait-il dire avec Mgr de Prilly, évêque de Châlons, que me font toutes les ogives, toutes les colonnes et colonnettes gothiques, toutes les statuettes et statues, tout le poétique des vieux temples, si personne n'est là pour répondre : Amen! » Il voulait des églises pleines, et la foule répondait aux vœux du pasteur avec un admirable élan.

A Bar-le-Duc, la mission dura un mois entier — mai 1839. — Une grande fête avec théâtres, attractions de toutes sortes, est préparée dans le même moment. La population laisse la fête profane et se rassemble toute, autour de la chaire. Les mauvais journaux du département sont furieux; ils ne savent qu'inventer pour jeter le discrédit et le ridicule sur cet empressement des catholiques barrisiens, qui persistent à manifester leur foi et leur dévotion. Le 15 août de la même année, fête patronale de la cité et de la paroisse Notre-Dame, Mgr Le Tourneur vint y officier pontificalement (1). M. Barry, de sainte mémoire, était alors curé; il avait succédé le 16 avril 1836 à M. Claude Rollet, confesseur de la foi sous la Révolution.

En quittant Bar-le-Duc, le P. Rousseau alla à Ligny pour y donner également une mission. Et les francs-maçons du temps de s'écrier : « Il a converti tout Ligny! » et de railler aux dépens des catholiques. Verdun fut aussi évangélisé par ce religieux; une grande ferveur régna pendant toute la durée des exercices; on y fit une neuvaine pour la conversion des pécheurs; des sermons étaient donnés chaque jour matin et soir (2).

(1) *Journal de la Meuse*, août 1839. Le *Journal de la Meuse* n'était pas le « bon journal » d'alors; on prend ses renseignements où on les trouve.

(2) En mai 1842.

L'une des premières retraites ecclésiastiques fut donnée au mois d'octobre 1837. Deux cent cinquante prêtres se réunirent à l'évêché ; M. Lefètre, grand vicaire de Tours, en fut le prédicateur (1).

Mgr Le Tourneur remit en vigueur les *Statuts généraux* du diocèse de Verdun, publiés au synode général du 8 avril 1750 par Mgr d'Hallencourt, concernant les archidiacres, archiprêtres et doyens (2).

L'évêque voulait donner aux fidèles une haute idée du sacerdoce : « *Le prêtre est l'homme de Dieu,* disait-il, ce mot est devenu comme *son nom propre* parce que ce titre exprime toutes les attributions que le prêtre catholique réunit dans sa personne comme prophète, comme ambassadeur, comme représentant de Dieu, chargé de soutenir ses droits, de parler en son nom et d'agir avec son autorité... C'est l'homme de Dieu auprès des fidèles, et l'homme des fidèles auprès de Dieu (3). Sa Grandeur faisait de saisissants tableaux du prêtre dans sa tâche sublime et parlait des devoirs des chrétiens envers leurs curés.

Mgr Le Tourneur aimait beaucoup son clergé qu'il conduisait *un peu rondement,* nous dit-on, à la manière d'un général qui commande une armée. A cette époque, la majorité des évêques de France, effrayés de la tendance vers le libéralisme, et Mgr Le Tourneur en particulier, averti par l'exemple de La-

(1) *Journal de la Meuse,* 12 octobre 1837.
(2) Ordonnance du 28 septembre 1837.
(3) Mandement pour le Carême 1840.

mennais, craignaient par-dessus tout pour la pureté de l'orthodoxie, et tenaient un peu raide la bride. Les fiers Lorrains se plient difficilement au joug; ils sont aisément frondeurs. Le Barrois et la Lorraine, qui adoraient leurs ducs parce qu'ils étaient « de chez eux », se tiennent en garde instinctivement contre ceux qui ne savent pas se faire Lorrains avec eux. Le clergé séculier, très attaché à ses usages, très patriote et très indépendant, s'il a les qualités du terroir, en a aussi les défauts. C'est pourquoi les évêques de Verdun, comme ceux de Nancy et les autres de la région, eurent à subir des difficultés parfois insurmontables dans le gouvernement de leurs diocèses (1), pourtant très catholiques parmi les plus catholiques.

Le vicaire général du doux évêque de Soissons, transplanté en Lorraine, oubliait peut-être quelque peu les sages conseils de Mgr de Simony. Mais le clergé rendit justice à son zèle intelligent, à sa grande charité, et les anciens du sacerdoce qui vécurent jeunes sous sa houlette, et qui parvinrent à une extrême vieillesse, nous firent chaleureusement son éloge. « Il reprenait parfois avec énergie, disent-ils, mais il savait aimer de tout cœur ses prêtres vertueux ; on le considérait comme l'un des plus grands évêques, comme un père dévoué; il se faisait chérir et apprécier pour sa grande piété, son zèle ardent,

(1) V. Eug. Martin, *Hist. des diocèses de Toul, Nancy et Saint-Dié*, 3 vol., Nancy, Crépin-Leblond, 1903. — Pfister, *Hist de Nancy*, Berger-Levrault, 1909.

son éloquence entraînante et son intelligente administration (1). »

Certains journaux attaquaient vivement cette administration ; ils saisissaient toutes les occasions favorables pour critiquer l'évêque de Verdun. Les mécontents, les malins et les amateurs de routine, avaient fait une légère retouche à son nom ; ils l'appelaient, comme déjà du reste dans le diocèse de Soissons : Mgr *Retourneur*.

Il n'était pourtant pas absolu dans ses idées, il aimait à prendre conseil (2) et à s'entourer de gens éclairés ; mais il savait toujours être évêque, c'est-à-dire, selon l'étymologie du mot, *voir de haut*, puiser dans les grandes pensées et les sentiments élevés la noble entente des affaires.

Sur un exemplaire de la « Biographie du Clergé contemporain » qui n'est, comme nous l'avons vu, qu'un abominable pamphlet, on lit ces notes rectificatives : « A tant de mensonges, opposons ces simples mots : « Il fut un saint prêtre, un saint évêque... » — Et d'une autre main : « Quelles sévères privations, quels héroïques sacrifices il sut s'imposer chaque jour pour prodiguer aux pauvres de Jésus-Christ l'aumône corporelle ! Sa main gauche a toujours ignoré les dons de sa main droite et sa pauvreté seule a pu nous révéler ses bienfaits. »

(1) Communication de M. le chanoine Thirion (décédé depuis), chev. de la Légion d'honneur, ancien curé de Creüe, qui reçut la tonsure et tous les Ordres des mains de Mgr Le Tourneur.

(2) Notes du même.

Très attaché au Saint-Siège, Mgr Le Tourneur fut l'un des premiers évêques de France qui voulut rétablir la liturgie romaine dans son diocèse. Quatre seulement l'avaient devancé : Mgr Dupont à Avignon (1836), Mgr Parisis à Langres (1840), Mgr Gousset à Reims (1842), Mgr Roess à Strasbourg (1843). Cette tentative n'eut pas de suite : Mgr Le Tourneur mourait un mois après avoir ordonné la mise en vigueur de la liturgie romaine, à dater du jour de Pâques 1844. Cette entreprise échoua, comme plusieurs autres, et ce ne fut que dix-huit ans plus tard, en 1862, que son successeur, Mgr Rossat, put parfaire cette œuvre (2).

En février 1841, l'évêque de Verdun accomplit son voyage *ad limina* et fut nommé *assistant au trône pontifical* le 30 avril, par Grégoire XVI.

(2) V. Huard, *Sem. relig. de Verdun*, 29 juin 1912.

CHAPITRE XIII

Restauration de Benoîte-Vaux. Pèlerinage des Séminaristes. — La Famille de Nettancourt. — Les Séminaires. — La propriété de Glorieux. — La générosité de Mgr Le Tourneur, sa foi, sa charité et l'ensemble de ses vertus.

Une des premières œuvres de Mgr Le Tourneur fut la restauration du pèlerinage de Benoîte-Vaux. Le 14 décembre 1898, il fit acquisition de la maison Philippot construite sur l'emplacement de l'ancien monastère des Prémontrés, pour la somme de 2.575 francs, et comme il fallait, de toute nécessité, dans ce petit hameau, y joindre un jardin potager, il acheta, le 1er septembre 1842, celui de l'ancien couvent converti en prairie. Son désir était de faire du pieux sanctuaire de Marie un centre de vie surnaturelle et d'y établir une société de Missionnaires diocésains qui viendraient en aide au clergé séculier dans les travaux de leur charge pastorale.

Le 25 septembre 1842, jour où l'Eglise de Verdun célébrait la fête de saint Saintin, son premier évêque Monseigneur vint à Benoîte-Vaux pour inaugurer cette fondation. Depuis plusieurs années, quelques élèves du grand séminaire avaient eu la pensée de se dévouer plus spécialement au salut des âmes par les travaux de l'apostolat ; le prélat n'eut donc pas de peine à trouver les éléments de l'institution dont il méditait l'établissement. Mais il fallait pouvoir loger convenablement cette petite et zélée phalange. Une vaste maison fut donc commencée ; les dépenses furent couvertes en partie par les dons de l'évêque, le produit d'une quête dans toutes les églises du diocèse et les offrandes particulières (1). En attendant que cette maison fût habitable, les premiers missionnaires, MM. Vautrot et Didelot, aidés d'un séminariste M. Nicolas, logeaient pauvrement dans les greniers de la maison Guillaume ; la ferveur suppléait à ce qui leur manquait du côté matériel ; ces commencements, par l'esprit d'abnégation, le zèle et la piété qui régnaient parmi les membres de cette modeste société, furent dignes des plus beaux débuts d'une fondation religieuse.

Le 16 décembre 1849, deux cellules se trouvant presque habitables, ils firent leur entrée dans la nouvelle maison. Puis vinrent se joindre à eux de généreux imitateurs de leurs vertus. Quelques années plus tard, nous pourrons nommer MM. Bastien, Chapiron, Fournel, Bouchon (2), etc.

(1) Mgr Rossat continua cette œuvre, L'administration diocésaine prit l'établissement à son compte le 9 octobre 1845. Le 20 mars suivant, la *Maison et caisse des retraites ecclésiastiques* fut déclarée d'utilité publique. La construction fut terminée en 1846. A cette date Mgr Rossat loue ses diocésains de « l'empressement avec lequel ils sont venus à notre aide pour conserver au diocèse l'importante propriété de Benoîte-Vaux, objet d'une prédilection si particulière de la part de Notre prédécesseur immédiat, et pour laquelle il s'était imposé de si généreux sacrifices ». *Lettre circul.*, 19 juillet 1846.

(2) Benoîte-Vaux, alors annexe de Rambluzin, fut érigé en paroisse,

Mgr Le Tourneur aimait à envoyer chaque année une délégation d'élèves de ses séminaires à Benoîte-Vaux. C'était comme récompense qu'une journée de pèlerinage était offerte aux plus méritants, ils étaient désignés dans chaque classe par le *suffrage universel* de leurs cours respectifs (1). Le plus souvent, Monseigneur se mettait à leur tête ; et c'était une fête inoubliable pour les heureux lévites qui se groupaient autour de leur évêque avec un filial empressement (2).

Le béni sanctuaire fut « l'objet de son zèle le plus ardent depuis son entrée dans le diocèse jusqu'à son dernier soupir, disaient ses vicaires généraux MM. Marotte et Didiot. Si le désir d'une plus longue vie, ajoutaient-ils, eût pu naître dans le cœur de Mgr Le Tourneur, c'eût été uniquement dans la vue de se ménager le temps et les moyens nécessaires pour mettre la dernière main à son œuvre et pour en assurer l'existence ».

Monseigneur profitait de ses pèlerinages à Benoîte-Vaux pour se rendre à Thillombois. Il y retrouvait cette famille toujours hospitalière et toujours géné-

par acte du 5 juillet 1846. Elle eut pour curés : MM. Bastien, nommé le 15 juillet 1846 ; — Vautrot, le 1er février 1852 ; — Chapiron ; 29 mai 1865 ; — Fournel, 30 décembre 1865 ; — Nicolas, 22 août 1888 ; — Bouchon, avril 1901.

(1) Notes de M. le chanoine Thirion.

(2) Notes de M. le Chanoine Navelot, décédé en 1914, dans sa 99e année. La *Semaine religieuse* dit de lui : « C'était un caractère, une personnalité bien marquée, — l'homme de la prière, de l'étude, du zèle pastoral — directeur éclairé, d'un profond mysticisme, d'une science théologique qui étonnait parfois ses confrères. Esprit toujours ouvert aux innovations du zèle apostolique, cherchant toujours ce qu'il pourrait bien faire pour atteindre les âmes ; — d'une charité inépuisable, — mort pauvre. »

reuse aux œuvres de charité et de piété. Quand l'évêque de Verdun dut tendre la main pour ses Séminaires, pour Benoîte-Vaux, les de Nettancourt furent les premiers à figurer au rang des souscripteurs. Le prélat s'intéressait vivement à eux, il prenait part à leurs joies et à leurs douleurs. En exprimant sa gratitude pour une délicate réception, il faisait des vœux pour la santé de la Comtesse qui allait devenir mère (1). Plus tard, à l'occasion de la mort d'un jeune enfant, Monseigneur écrira cette lettre que nous citons, pour la consolation des mères affligées : « L'unique baume souverain pour la plaie dont votre cœur saigne, ce sont les prières, ou plutôt les cantiques que notre Mère à tous, la sainte Eglise, répète et *nous ordonne* de chanter avec elle lorsque les anges de la terre, que leurs frères du Ciel nous envient, sont rappelés vers eux, avant que le temps ait même légèrement terni l'éclat de leur céleste innocence. J'ose vous prier, Madame, de les lire chaque jour pendant un certain temps. L'esprit de consolation qui les a dictés se communiquera à votre cœur blessé, peu à peu le guérira, et peut-être dans les mêmes dispositions qui faisaient dire à saint Paul : Je surabonde de joie dans mes tribulations, *vous rendrez grâce* au Père des miséricordes qui, par une épreuve si sensible, vous a fait un protecteur de ce petit être, dont toute votre tendresse n'eût pu garantir la félicité. Il n'est heureux que parce qu'il

(1) Lettre au comte de Nettancourt, 10 juillet 1837.

est établi dans le règne de la charité ; et par cela seul, il vous aime au delà de tout ce que le meilleur naturel peut inspirer ici-bas aux plus affectueux enfants (1). »

En même temps, Monseigneur fait hommage de son livre sur *l'Enfant Jésus,* auprès duquel le cher petit ange s'en est allé ; et, plus tard, il envoie à la comtesse de Nettancourt la nouvelle édition de son « Armée du Chrétien » et le nouveau « Mois de la Sainte Enfance », à l'adresse de *son cher petit René* (2).

Nous le savons, Mgr Le Tourneur aimait particulièrement l'enfance et la jeunesse. Que dirons-nous de la jeunesse appelée à la cléricature ? Un vétéran du sacerdoce nous écrivait : « Monseigneur venait souvent au petit Séminaire, et les élèves le chérissaient ; il passait avec nous les jours de congé. Nous nous groupions autour de lui comme des enfants autour d'un bon père ; il nous demandait nos noms, celui de nos villages, nous donnait l'étymologie de plusieurs, s'informait de nos santés, du nombre de nos frères et sœurs, de l'état de nos parents, etc. Il nous racontait toujours quelques histoires pour nous faire rire, ce qui nous plaisait beaucoup. A cela, Monseigneur mêlait de sages conseils et nous inspirait la piété (3). »

Pour ses séminaristes, Mgr Le Tourneur fit, par

(1) Lettre à la Comtesse de Nettancourt, 9 août 1840.
(2) *Id.*, 9 octobre 1842.
(3) Notes de M. le chanoine Thirion.

l'entremise du vénérable M. Vignon, curé de la Cathédrale, l'acquisition d'une propriété à *Glorieux*. C'était une construction à réparer, une ancienne huilerie. Il prit tout d'abord sur ses revenus pour mettre le bâtiment en état et construire la chapelle (1836). « Avant de faire appel au clergé et aux fidèles pour les œuvres qu'il établissait, disait M. Marotte, Monseigneur voulait toujours nous donner à tous l'exemple d'une générosité héroïque. » Le produit de la vente du Coulmier, ainsi que quelques offrandes, furent aussi affectés au paiement de cette propriété qui servit d'abord de maison de campagne au petit Séminaire (1838), en attendant l'installation des élèves des cours secondaires (1).

L'évêque fit don d'un tableau (2) représentant le martyre de saint Jean, son patron. Pour peindre cette toile, qui devra être placée au-dessus du maître-autel de la chapelle, on choisit deux modèles parmi les élèves du petit Séminaire, que l'on fit figurer aux côtés du disciple bien-aimé. Ce fut un honneur *bien senti* par ceux qui furent l'objet de ce choix. L'un de ces séminaristes mourut tout jeune, prêtre ; l'autre était un vénérable ecclésiastique de 92 ans lorsqu'il nous a fourni ces détails (1906) (3).

(1) Le Séminaire fut désaffecté par la *Séparation*, la chapelle devint un dépôt de meubles et de matériel. Il servit d'ambulance pendant la grande guerre. La propriété fut ensuite rachetée par Mgr Ginisty, et réparée; afin de revenir à sa première destination.

(2) Peint par Mlle Lecocq, de Verdun.

(3) L'autel en bois, qui était à l'usage de Mgr Le Tourneur, lorsqu'il résidait à Glorieux, se trouve aujourd'hui à l'école St-Louis, de

En 1843, Mgr de Verdun fit faire, par la maison Maréchal de Metz, un beau vitrail qui coûta six mille francs (1), et dont il fit don à la Cathédrale. Il fut placé dans la grande fenêtre du fond de l'abside, d'où il fut retiré plus tard et placé dans le transept au-dessus du sacraire (2).

Puisque nous parlons de ses dons, citons encore ce fait. Pendant une tournée pastorale, une pauvre femme de Commercy s'étant trop approchée de la voiture de l'évêque, un des chevaux faisant un écart la renversa. Elle fut malade et garda les traces de sa chute. Monseigneur, ému à la pensée de cette malheureuse, lui envoyait de temps en temps un billet de cinquante francs. Il aurait voulu donner toujours, et l'on parlait tout bas de « sévères privations, d'héroïques sacrifices qu'il s'imposait chaque jour... ». Il voyait peu de monde, avait supprimé les dîners d'usage, afin de pouvoir appliquer cette dépense à ses charités et demandait à ses prêtres, au cours de ses tournées pastorales, de le recevoir dans la plus austère simplicité.

Il savait toucher les cœurs en parlant des malheureux. Quand survinrent les fameuses inondations du Midi de la France : « Ce n'est pas seulement,

Bar. Les autres bâtiments, commencés en 1840, ne furent terminés qu'en 1854, et le Séminaire ne s'ouvrit qu'au mois de novembre de cette année, après la mort de Mgr Le Tourneur.

(1) *Journal de la Meuse*, 19 novembre 1843.

(2) « On a dû malheureusement supprimer la partie inférieure de ce vitrail quand on l'adapta à cette fenêtre. » *La Cathédrale de Verdun*, par le chanoine Ch. Aimond. Nancy, Royer, 1909.

disait-il, la seconde cité du royaume qui présente l'image d'une désolation sans exemple, plusieurs villes importantes submergées, des bourgs et des villages ravagés, des milliers de maisons abattues et entraînées par les eaux, les récoltes perdues, le sol même ruiné, cent mille familles sans pain, sans asile, sans vêtements, sans moyens de travail, et cela, à l'entrée de l'hiver. Voilà l'affligeant tableau que présentent quatorze départements, et dont la seule pensée brise le cœur et arrache les larmes. Apôtres de la charité, disait-il à ses prêtres, faites parler vos entrailles miséricordieuses, et, au nom de Jésus-Christ, sollicitez, pressez, conjurez (1). »

L'évêque fit si bien et ses prêtres avec lui, qu'ils recueillirent, *en moins de 15 jours*, la somme de 35.186 fr.

S'adressant aux fidèles, sur le même sujet : « Ah ! s'écriait-il, si semblable fléau dévastait mon diocèse, ce spectacle serait pour moi plus insupportable que la mort. Je conjure Dieu, avec larmes, de détourner à jamais de ceux dont il m'a fait le Père ces terribles catastrophes ! »

Alors le prélat se servit de la consternation générale pour tirer d'utiles leçons de cette grande épreuve et presser les familles de profiter des coups terribles que Dieu frappe parfois, réformer les mœurs et affermir la vie chrétienne. Il fit surtout ressortir les pensées de la foi, la conduite toujours adorable de

(1) Lettre circulaire de janvier 1841.

la divine Providence, rappelant les chrétiens à leur devoir avec une vigueur tout apostolique et une tendresse toute paternelle. Qu'on nous pardonne de citer un peu longuement ces belles paroles qui sont un utile enseignement et toujours d'actualité : « Croire qu'une inévitable nécessité maîtrise ici-bas les événements et entraîne violemment les choses humaines, qu'une aveugle fatalité décide du sort des hommes, qu'ils sont les jouets de la fortune, que, comme aucun conseil n'a présidé à la formation de l'univers, aucune volonté n'en règle le mouvement, ni n'en dirige le cours, c'est sans doute un étrange délire et un aveuglement bien déplorable.

« Croire que Dieu a créé ce monde visible, et qu'après l'avoir laissé comme échapper de ses mains, il l'a abandonné, sans se soucier ni de sa conservation, ni de sa ruine, ni du bonheur, ni de l'infortune, ni des vices, ni des vertus des êtres intelligents dont il l'a peuplé, c'est faire outrage à sa sagesse et à sa bonté ; c'est démentir sa propre raison, ce n'est plus seulement une folie, c'est un crime.

« Croire, enfin, que Dieu est l'Auteur de tout ce qui existe, qu'il a tout créé par sa sagesse et qu'il gouverne tout par sa providence, et cependant, dans l'habitude de ses sentiments et de ses actions, et même dans les événements les plus importants et les circonstances les plus décisives, négliger de s'élever vers lui, ne jamais consulter sa volonté, invoquer ses lumières, recourir à sa miséricorde, ne lui rendre grâce de ses bienfaits, n'est-ce pas imiter tout ensemble le délire de celui qui nie son existence et le crime de celui qui en fait un être aussi imprévoyant que cruel ?

« ... Mais le chrétien trouve aisément l'application de ces contradictions apparentes qui déconcertent un esprit étranger à la foi. Il sait que dans l'Etre infini toutes les perfections sont égales, qu'il ne peut être juste aux dépens de sa miséricorde, ni miséricordieux aux dépens de sa justice ; qu'il aime les âmes parce qu'il les a créées à son image ; qu'il hait le mal parce qu'il est opposé à sa sainteté.

« ... *Vous frappez, Seigneur, et vous guérissez ; vous plongez dans la mort et vous en retirez, et personne ne peut se dérober à votre main.* (Tob., XXXIII.) Ainsi la connaissance de la chute de l'homme et de ses suites, en portant la lumière dans son esprit, maintient la paix dans son cœur, parce qu'elle lui donne la clé de tous les événements, même les plus prodigieux et les plus inexplicables, lui démontrant qu'en nous, comme hors de nous, l'ordre a été troublé par le péché.

« ... Vous êtes devenus notre famille, nos très chers Frères, et les liens sacrés qui nous unissent à vous nous font assez profondément ressentir toutes vos peines, pour que nous puissions aussi vous dire avec vérité : *Qui est faible sans que je m'affaiblisse avec lui ? Qui est scandalisé sans que je brûle ?* Vos joies sont nos joies ; vos douleurs nos douleurs. Vous ne pouvez être atteints par quelque malheur sans que nous en ressentions le contre-coup. Aussi, quand nous vous dénonçons les arrêts de la justice divine, c'est la voix du zèle apostolique qu'émeut l'outrage fait à sa gloire ; c'est aussi le cri du cœur paternel alarmé des malheurs que cet outrage peut attirer sur ses enfants... Confiez-vous toujours en la Providence : ne la tentez jamais ; et puisqu'elle dirige souverainement tous les événements de ce monde, efforcez-vous, par une entière soumission à ses dispositions adorables, d'éloigner de notre patrie les fléaux de sa justice, et d'attirer sur elle toutes les bénédictions de son amour (1). »

Et puisque nous parlons de la foi vive que Mgr Le Tourneur voulait inspirer à tous les fidèles, disons ce que ses grands vicaires, MM. Marotte et Didiot, pensaient de lui à cet égard : « Une foi pénétrante saisissait son âme tout entière. C'est la foi, la foi seule qui réglait ses pensées, inspirait ses démarches, déterminait ses résolutions, soutenait son courage au milieu des plus pénibles épreuves et le rendait si sensible aux maux et aux douleurs de l'Eglise ; c'est la foi qui animait toute sa vie, comme le juste il ne vivait que de la foi. C'est encore la foi qui allumait dans son cœur le feu sacré de la piété. Voyez-le dans l'intérieur de son palais, dans les habitudes de la vie domestique, vous le trouverez toujours fidèle aux pratiques d'une piété sincère et égale à elle-même. C'est la piété qui avait réglé l'ordre admirable des exercices de chaque jour. »

(1) Lettre circulaire, janvier 1841.

Ces Messieurs ajoutaient que Mgr Le Tourneur « était levé avant le soleil » et que, semblable aux solitaires, aux religieux dans leurs monastères, l'évêque de Verdun faisait de longues prières, adressait au Ciel d'ardentes supplications pour son peuple. Ils admiraient « la sainte humilité et l'amour brûlant » avec lequel il célébrait sa messe chaque jour, « la tendre dévotion, l'extraordinaire amour filial qu'il témoignait à la sainte Vierge et le zèle qui l'animait quand, sortant de sa longue oraison, il voulait répandre autour de lui la bonne odeur de Jésus-Christ ». « Ah ! s'écriaient-ils, après sa mort, les trop courtes années durant lesquelles il nous a été donné de recueillir ses touchantes exhortations, de contempler cette vie si brillante de vertus, si riche de bonnes œuvres, ses pieuses conversations, ses discours, ses exemples, nous répondent assez que notre vénérable Pontife ne voyait dans son élévation épiscopale qu'une obligation nouvelle et plus étroite de tendre sans cesse à la plus sublime perfection (1). »

« Malgré sa vivacité naturelle, nous écrivait un vieillard, Mgr Le Tourneur était parfois d'une douceur, d'une patience digne d'admiration. En voici un exemple, entre plusieurs autres. C'était en 1842, à l'ordination de la Trinité dont je faisais partie comme sous-diacre. Elle avait lieu dans la chapelle de l'évêché. M. le vicaire général Marotte remonta

(1) Mandement des vicaires capitulaires, 30 janvier 1844 ; et notes de M. chanoine Thirion.

la lampe du Saint Sacrement, avec un mouvement un peu brusque parce qu'elle gênait le passage. Cette lampe alla heurter le contre-poids, et toute l'huile s'échappa sur la mitre et la chape de Monseigneur. Il ne donna pas le moindre signe d'impatience ni de mécontentement. « Ce n'est rien, dit-il, ôtez ma mitre et ma chape. » Et Monseigneur continua tranquillement l'ordination, sans trahir la moindre émotion, à la grande édification de toute l'assistance (1). »

« On dit qu'il reprit quelquefois avec vivacité et même avec brusquerie, continue M. le chanoine Thirion ; cela se peut. Pour moi, qui l'ai beaucoup vu, je ne l'ai entendu que parler doucement et, quand il voulait donner une petite leçon, il prenait le tour de la plaisanterie pour en atténuer l'effet. Il est vrai que Monseigneur ne laissait rien passer de mauvais ; il était d'une extrême délicatesse, il aimait les paroles empreintes d'urbanité, ne tolérait même rien de trivial. L'on pourrait citer plusieurs faits à ce propos, si l'on ne craignait d'être indiscret. »

Restons sur ces témoignages des vétérans du sacerdoce et des contemporains de Mgr Le Tourneur et parlons d'une œuvre établie encore dans le diocèse sous son épiscopat et par ses soins.

(2) Communication de M. le chanoine Thirion.

CHAPITRE XIV

Mgr Le Tourneur et l'éducation de l'enfance. Fondation des Religieuses de Notre-Dame.

Parmi les œuvres qui furent spécialement chères au cœur du prélat, nous nommerons l'instruction chrétienne. Avec activité, il travailla au développement et à l'affermissement des écoles des Frères et associa à sa sollicitude des hommes, des chrétiens dévoués qui partagèrent sa sympathie pour les Fils de saint J.-B. de la Salle et pour leur œuvre. Il n'épargna rien, ni sa présence au milieu des écoliers, où il savait si bien « se faire enfant avec les enfants », ni ses dépenses, ni ses encouragements.

Afin de faire participer la jeunesse des classes plus élevées de la société au bienfait de l'éducation religieuse, Monseigneur, dès son arrivée à Verdun, avait formé le projet d'y appeler les religieuses de Notre-Dame, qu'il avait connues à Versailles. Ce projet fut réalisé deux ans après, malgré l'opposition du conseil municipal qui ne voulait pas de Sœurs cloîtrées, et malgré tout le bruit qui firent autour de la fondation le *Franc Parleur* et autres journaux mal intentionnés du département.

Les Chanoinesses de Saint-Augustin ou *Religieuses de la Congrégation de Notre-Dame* n'étaient pas des étrangères pour la ville de Verdun. Un monastère y avait été fondé du vivant même de saint Pierre Fourier, en 1608. C'était un grand établissement, augmenté encore, en 1701 (1), d'une belle église. Les religieuses furent chassées de leur couvent en 1790 et l'église démolie en 1795 (2). Deux d'entre elles qui étaient natives du diocèse étaient restées dans le pays pendant la Révolution : Marie-Rose-Antoinette Gossin — sœur Marie-Elisabeth — et sa sœur cadette : Madeleine-Thérèse Gossin — sœur Marie-Rosalie. Elles demandèrent à faire partie de la nouvelle communauté, en 1839. C'est par ces deux membres que la récente société des Sœurs se rattacha à l'ancienne, et la Congrégation de Notre-Dame fut la seule qui put renaître après la Révolution, des quatorze grandes Communautés verdunoises (3).

M. l'abbé Marotte, alors supérieur du grand Séminaire, puis vicaire général (4), se fit l'agent actif et dévoué de cette institution ; il s'occupa de la direction spirituelle et temporelle, pendant que M. l'abbé Clesse (5), duquel Mgr Dupanloup disait : « C'est un

(1) Le décret qui autorise une nouvelle construction porte que les Sœurs « ont actuellement sept ou huit cents filles ».

(2) Sur la liste des suspects dressée à Verdun le 12 prairial an II, admise au registre d'épuration de Bar, n° 10, on lit le nom des religieuses déclarées « douteuses comme civisme et dénoncées comme fanatiques ». Archives Meuse, S. L., liasse 140.

(3) Robinet, *Pouillé*, I, 311.

(4) Nomination agréée par le roi, le 27 février 1839. — M. Didiot avait été nommé vicaire général, le 5 octobre 1837.

(5) La mort subite de Mgr Le Tourneur ne lui permit pas de payer

homme d'activité, de piété, de zèle intelligent et de grand sens sacerdotal », surveillait la construction qui se faisait sur l'emplacement même de l'ancien couvent.

Le 8 décembre 1849, Mgr Le Tourneur fit la bénédiction du monastère avec solennité et le plaça sous le patronage de Marie Immaculée. Les religieuses assistaient à la messe dans la chapelle extérieure; après cette messe, Monseigneur les conduisit processionnellement dans l'intérieur du couvent et les mit en clôture. A cette occasion, et comme souvenir, le pontife fit don à ses chères filles d'une belle statue de la Vierge Immaculée, « à laquelle elles tenaient beaucoup, tant à cause de la provenance que de l'expression tout idéale et toute maternelle de la statue elle-même. Longtemps elle occupa la place d'honneur dans la grande salle des réunions du pensionnat où elle frappait tous les regards (1) ».

Hélas! dira-t-on, pourquoi parler d'établissements religieux à l'époque où nous sommes, quand nous voyons tout autour de nous des ruines et encore des ruines? Nous répondrons : L'histoire de l'Eglise n'est qu'une suite d'efforts, d'œuvres suscitées et d'œuvres renversées. Heureux ceux qui vivent au

tous les travaux entrepris à Benoîte-Vaux, Glorieux et pour la Congrégation. Il avait nommé M. Clesse son légataire universel; c'était une charge écrasante. Celui-ci accepta et paya les dettes de son patrimoine. Appelé par Mgr Dupanloup dans son diocèse, M. Clesse fut curé de Saint-Paterne, à Orléans, où aujourd'hui encore on parle de son zèle, de sa charité et des œuvres fécondes qu'il a laissées.

(1) Communication des religieuses de Notre-Dame.

temps du *renouvellement* ! Plus heureux peut-être ceux qui tombent, en *d'apparentes défaites*, ceux qui luttent pied à pied *sans espoir de rebâtir eux-mêmes*, parce que c'est dans la souffrance et par la croix qu'on enfante des âmes à Jésus-Christ. « L'effort n'est jamais perdu », disait Pasteur. Dieu compte tout, et c'est Lui qui donne aux œuvres le triomphe et la fécondité au temps marqué par la Providence.

CHAPITRE XV

Mgr Le Tourneur, inlassable prédicateur. — Son dernier mandement. Sa mort, ses funérailles, son épitaphe.

Au milieu des fatigues et des soucis de son épiscopat, Mgr Le Tourneur n'oublia jamais qu'il avait reçu de Dieu la mission de prêcher : « Il fut constamment parmi nous, dirent ses vicaires généraux, le dispensateur de la parole de vie : ses travaux, son long apostolat, les fatigues d'un épiscopat laborieux, rien ne pouvait comprimer les élans généreux de son zèle dans le cours de ses visites pastorales ; il oubliait tout, il s'oubliait lui-même pour ne penser qu'aux besoins spirituels de ses enfants (1). » Ils parlent, dans un langage imagé, de « ces touchantes cérémonies pendant lesquelles le Pasteur rassemblait ses forces épuisées pour rompre et distribuer à ses ouailles cette manne céleste, ce pain vivant qui nourrit le cœur et donne aux âmes bien disposées l'accroissement de la vie surnaturelle ».

Et les fruits que produisait cette parole étaient

(1) Mandement des vicaires capitulaires.

durables. On voulait être meilleur après l'avoir méditée. Une Meusienne nous écrit : « Ma mère, qui avait entendu plusieurs de ses sermons, en gardait un souvenir profond ; elle ne trouvait pas de comparaison plus élogieuse, en exprimant son admiration pour un prédicateur, que celle de son éloquence avec la parole de Mgr Le Tourneur ; et encore, cette comparaison était-elle fort rare, car elle estimait que peu de sermons pouvaient être comparés aux siens (1). »

De vénérables ecclésiastiques nous disaient : « Un discours d'une haute éloquence fut celui de Noël à la Cathédrale, ayant pour thème : *In principio erat Verbum.* Un autre, le jour de la Sainte-Madeleine, en l'église Saint-Sauveur de Verdun, à l'occasion d'un vol, d'une profanation des saintes Hosties qui avait eu lieu dans cette église. Monseigneur appliqua et commenta cette parole : *Tulerunt Dominum de monumento et nescimus ubi posuerunt eum.* La douleur, l'indignation, l'amour ardent s'unissaient pour saisir les esprits et faire tressaillir les cœurs. Jamais, il semble, le prédicateur n'était monté à cette hauteur, jamais sa vive charité ne s'était révélée à ce point, nous ont dit des témoins auriculaires (2).

C'est Mgr Le Tourneur qui inaugura, à Verdun, l'exercice des trois heures d'agonie, ou *les Sept paroles* de Notre-Seigneur à sa mort (3). Après le chant des *soli* et des chœurs qui étaient fort beaux,

(1) Communication de Mme Charaux.
(2) Notes de MM. les chanoines Navelot et Thirion.
(3) V. cet exercice dans son « *Année du chrétien* », II, 240 et suiv.

Monseigneur faisait sept fois, avec une émotion communicative, exhortation au peuple chrétien, commentant la parole du Christ mourant ; après quoi les fidèles récitaient tous ensemble cinq *Pater* et cinq *Ave*.

Mais, nous l'avons vu, l'évêque de Verdun voulait étendre le bienfait de la parole à toutes les paroisses du département ; et comme il était matériellement impossible d'aller partout, il se faisait remplacer par des prédicateurs de son choix. Lui-même donne ainsi l'état de son diocèse en 1843 : « Qui de vous n'a pas entendu parler des prodiges de grâce qui, dans ces deux dernières années, ont de toutes parts éclaté dans notre diocèse, des fruits abondants et salutaires que la prédication apostolique a produits dans les villes comme dans les campagnes ? Plus de quarante paroisses évangélisées ; l'enceinte des temples trop étroite pour la multitude des fidèles qui ne cessaient de les remplir, pendant des semaines et des mois entiers ; ces tribunaux de la réconciliation retentissant le jour et une partie des nuits des gémissements d'une religieuse douleur ; la Table eucharistique réunissant tous les enfants du Père de famille, heureux des délices de son festin ; ici, des hommes déjà avancés dans la vie venaient s'y asseoir pour la première fois et, par l'ardeur de leur piété et la modestie de leur démarche, le disputant à la ferveur et à l'innocence du premier âge ; là, des pères et des mères que le malheur des temps avait engagés et retenus dans une union toute profane, priant la religion de consacrer leurs nœuds et de répandre sur eux et leurs enfants les bénédictions promises à la postérité des saints. Partout, à ce rayon de la grâce qui brillait sur elles, les âmes renaissaient à la piété, à la justice, à la vérité, à toutes les vertus ; les populations unies par les mêmes idées et les mêmes espérances retraçaient l'image de ces premiers disciples de l'Evangile, dont *la multitude* ne formait qu'un cœur et qu'une âme. (Act., IV, 32.)

« Voilà le ravissant spectacle que deux fois, dans le cours de l'année qui vient de finir, a offert notre ville épiscopale et qui s'est reproduit, non moins consolant, dans les autres paroisses du diocèse... Qui pourrait rendre les larmes de joie des épouses et des mères, la douce allégresse des parents et des amis étonnés de se sentir plus dévoués et plus tendres, les naïfs épanchements des ennemis réconciliés, les consolations intimes de tous ces cœurs rendus à la paix, à l'ineffable bonheur de se reposer dans la foi, dans l'espérance et dans l'amour ?

« O paroisses régénérées, peuples conquis à Jésus-Christ, par la protection toute-puissante de la Reine des Anges, de cette avocate, de ce refuge des pécheurs, annoncez par votre persévérance, s'écriait l'heureux évêque, *annoncez la puissance de Celui qui vous a appelés des ténèbres à son admirable lumière.* » (I Petr., II, 9.)

Et ce fut son dernier mandement.

Dieu accorda à Mgr Le Tourneur, avant de mourir, cette joie de voir le bien réalisé par ses soins ; n'était-ce pas comme un chant de triomphe et de reconnaissance qui, de cette terre, montait devant lui vers les cieux ?

Le 1er janvier 1844, M. Marotte, à la tête du Chapitre de la cathédrale, offrait les souhaits du clergé et de tout le diocèse, au bien-aimé prélat, appelant sur lui, de toute l'ardeur de ses vœux, de longues et fructueuses années. Monseigneur était plein de santé et de vie (1).

Quelques jours après, au moment de monter en voiture, l'Evêque de Verdun glissa, et, tombant lourdement, se fit une excoriation à la jambe (2). Cette blessure n'avait aucun caractère de gravité, mais elle contraignit Monseigneur à garder la chambre, ce qui était mauvais pour son tempérament sanguin. L'inaction lui pesait, il déclara ressentir un malaise général auquel il ne faisait pas grande attention, mais qui préoccupait son entourage. Il continuait à se livrer au travail comme d'habitude et priait longuement.

Le 26 janvier, Monseigneur reçoit plusieurs personnes. Trois quarts d'heure après la dernière visite, son valet de chambre, voulant introduire quelqu'un, frappe à la porte. Pas de réponse. Il insiste, et finit par ouvrir (3). Le prélat est assis dans son fauteuil, la tête un peu penchée, tenant à la main un journal et son chapelet, son binocle à terre. Il ne donne pas signe de vie. En toute hâte, le domestique appelle les

(1) *L'Ami de la Religion*, CXX.
(2) *Journal de Verdun*, n° 1026.
(3) *Journal de la Meuse*, 28 janvier 1844.

prêtres et un médecin. M. Marotte fait les dernières onctions sur le corps inanimé du pontife, les médecins tentent une saignée..., tout espoir est perdu, l'apoplexie a été foudroyante.

C'est un vendredi, vers trois heures, que S. G. Mgr Le Tourneur, évêque de Verdun, parut devant Dieu.

Il mourut donc subitement celui qui, sans crainte, avait envisagé la mort, l'avait acceptée avec courage et amour à la vue de Jésus-Christ mourant pour nous, et s'était écrié un jour, dans l'ardeur de sa foi et de sa charité : « *Soyez béni, ô mon Sauveur ! J'accepte de votre divine main le calice de la mort : je veux le boire pour votre amour*. Devant Dieu, il n'y a rien de grand, de bon, d'estimable, de digne de ses regards, de son approbation et de son amour, que Jésus-Christ, que ce qui est uni à Jésus-Christ, que ce qui est fait pour Jésus-Christ, par son esprit et par sa grâce (1). »

Il y eut un moment de stupeur par toute la ville à l'annonce de cette douloureuse nouvelle. Ceux mêmes qui s'étaient montrés les adversaires de l'évêque et qui s'étaient le plus élevés contre les entreprises de son zèle, lui rendirent un hommage tardif. Quant aux familles chrétiennes, on eût dit qu'elles avaient perdu un de leurs membres, tant le deuil était général. Tous ses bons diocésains s'associèrent au témoignage que lui rendirent ses grands vicaires, quand ils écrivi-

(1) Tiré de ses écrits.

rent : « Il les a remplis, dans toute leur étendue, les solennels engagements qu'il avait pris au jour de sa consécration. Elles nous retracent fidèlement par avance tous les caractères de son épiscopat, ces paroles vraiment prophétiques qu'il voulut avoir sans cesse devant les yeux, et qui résumaient pour lui, comme pour le grand Apôtre, les immenses obligations d'un grand évêque : Je sacrifierai de grand cœur toutes choses, et je me sacrifierai moi-même pour le salut de vos âmes : *Superimpendar ipse*. Non, dans cette belle vie, pas un seul jour, pas un seul instant, rien n'a échappé au glaive du sacrifice (1). »

Le corps du pontife fut embaumé le lendemain selon le procédé Garmal par le Dr Boyer, et exposé dans un des salons de l'évêché. Depuis ce moment jusqu'au 1er février, jour fixé pour les obsèques, les prêtres et les fidèles se succédèrent en foule et sans interruption dans la chapelle ardente (2).

Le cercueil fut porté à la cathédrale par huit séminaristes. Le clergé de Verdun, un grand nombre d'ecclésiastiques, accourus de tous les points du diocèse, les troupes de la garnison, les autorités civiles assistaient aux funérailles, au milieu d'un concours immense de peuple, Mgr Dupont des Loges, de Metz, célébra la grand'messe. Après les absoutes, le cercueil fut placé sur un char richement décoré entraîné par quatre chevaux noirs.

(1) Mandement des vicaires capitulaires.
(2) *L'Ami de la Religion*, CXX, 297. — *Journal de Verdun*, n° 1035. — *Journal de la Meuse*, février 1844.

Les coins du poêle étaient tenus par MM. le Maréchal de camp, commandant du département, le sous-préfet, le président du tribunal et M. Didiot, grand vicaire (1). M. Deshorties (2), sous-intendant militaire, conduisait le deuil. Les Dames de Saint-Maur, de Sainte-Catherine, de Saint-Nicolas et de Saint-Hippolyte précédaient le cortège. Un régiment d'infanterie l'entourait et un escadron de lanciers suivait le char. Le convoi se dirigea vers Glorieux, que l'évêque avait choisi pour le lieu de sa sépulture. Le cercueil fut déposé dans la chapelle du Séminaire ; Mgr Dupont des Loges donna une dernière absoute, au bruit des décharges de la troupe.

L'autorisation d'inhumer n'étant pas parvenue, une garde d'honneur fut établie autour du corps.

Le mercredi, 7 février, jour de l'inhumation, les membres du Chapitre, le clergé de Verdun et les élèves des deux Séminaires célébrèrent un service solennel, le corps présent ; puis on descendit le cercueil dans le caveau qui était préparé. Un service funèbre fut également solennisé dans toutes les églises du diocèse.

Mgr Le Tourneur avait lui-même composé sa modeste épitaphe :

« AUGUSTINUS-JOANNES, EPISCOPUS VERDUNENSIS, HUMILITER SE COMMENDAT PRECIBUS CLERI. »

(1) Le maire, absent, était représenté par son premier adjoint.

(2) M. et Mme Deshorties étaient les auxiliaires du prélat pour toutes ses œuvres de charité.

PIÈCES JUSTIFICATIVES

I

« Ma déclaration à N. S. P. le Pape, à tous les pasteurs et à tous les fidèles de l'Eglise catholique, apostolique et romaine.

« Au nom de la sainte Trinité, adorable et indivisible Trinité, Pére, Fils et Saint-Esprit.

« Sur le point d'être jugé par les hommes pour avoir tâché de m'opposer aux désordres de l'anarchie et de la licence, et vraisemblablement sur le point d'être jugé au tribunal de Dieu pour mes péchés et pour toutes les fautes de ma vie, dont je lui demande sincèrement et humblement pardon, et pour lesquels j'espère fermement de sa grande miséricorde à cause des satisfactions et des mérites infinis de Jésus-Christ notre Sauveur, je déclare que je me repens de tout mon cœur de tout ce que j'ai dit, fait et écrit, tendant à appuyer des principes d'aprés lesquels on a fait, en France, des changements qui sont devenus si funestes à la religion et par conséquent au véritable bonheur des Français. Je demande pardon à Dieu et aux vrais enfants de l'Eglise d'avoir coopéré à ces mutations déplorables par un serment que le Saint-Siège a condamné et que je révoque par la présente déclaration, que je désire d'être connue et publiée, lorsque la cessation de la persécution actuelle permettra au dépositaire de mes sentiments et de mon repentir de la faire connaître. Je demande pardon à Dieu d'avoir reçu la consécration épiscopale dont j'étais indigne, et, à l'Eglise, d'avoir rempli un siège qui n'était pas vacant, violé les lois saintes de la discipline et méconnu l'autorité et la supériorité du Souverain Pontife et du Saint-Siège.

Fait aux prisons de la Conciergerie, le 7 janvier de l'an de Notre-Seigneur 1794.

Signé : Adrien LAMOURETTE.

II

Nous trouvons des Simony dans le Barrois. On lit dans le *Journal de Gabrielle de Marlorat :*

« Le mercredi 11 octobre 1628, a esté lue la requeste présentée à S. A. par (François) Simonin (sic pour Simony) demeurant à Dainville, qui demande d'estre relevé de la surannation d'un decrêt cy devant par luy obtenu de Sad. A. par lequel il est relevé d'avoir exercé acte de roture et d'avoir pris en admodiation les dismes. Leq. décret intérimé au baillage de Gondrecourt et non en la chambre des comptes, à cause qu'il luy a esté débattu, et par arrest de la cour des ayles de Paris (dit-on) a esté ordonné qu'il le feroit intérimer en lad. chambre, de quoy il fait sa requeste à S. A, alégant l'usage contraire aud. baillage de Gondrecourt, qu'il n'est nécessaire que tels décrets soient intérimés en nostre chambre.

Les armoiries des Simonins sont celles de Combles, qu'un Hector Simonin demeurant à Neufchâteau, prit de sa mère qui s'appelait de Combles, mais ils ont changé qu'il n'y a point de *croix d'or au mitan et sur le haume il y a un oiseau d'argent*, ainsy qu'il se voit par patente de S. A. de l'an 1566 qui permet aud. Hector de prendre la noblesse de sa mère, qui estoit de... des Combles demeurant à Anceville en Barrois, et son ayeul..., etc., p. 127, 196, 206.

III

Les œuvres de Monseigneur Le Tourneur.

Ses ouvrages de piété : d'après les volumes que nous avons entre les mains, et, pour les autres, d'après Quérard : *La*

France littéraire, 1833, V, 260. Lorenz. *Catalogue gén. de la libr. fr.,* 1869, III, 269. Bourquelot, *La litt. franç. contemp.,* V. 124.

1° *Nouvelle journée du chrétien,* ou moyen de se sanctifier au milieu du monde, avec une préface de l'abbé de Lamennais; traduction nouvelle des Psaumes; traduction des prières tirées des Pères et des auteurs ascétiques, par MM. Le Tourneur et de Lamennais; maximes traduites de sainte Thérèse et du Bx Louis de Blois, litanies et jours tirés de Fénelon. — Editions 1820, 1825, 1829, 1840, 1843.

2° *Traduction des hymnes* et de toutes les diverses parties des offices du Paroissien complet faisant partie de la « Bibliothèque des dames chrétiennes ». — Edition 1822.

3° *Traduction de l'Imitation de Jésus-Christ et réflexions,* en collaboration avec M. de Lamennais.

4° *Conduite pour le Temps Pascal,* Paris, Gonjon, 1823, in-18.

5° *Le nouveau Mois de Marie,* ou le mois de mai consacré à la gloire de la Mère de Dieu, avec des considérations tirées des litanies de la sainte Vierge, une notice historique des principaux sanctuaires dans lesquels elle est honorée, des exemples et des prières pour chaque jour du mois. Editions 1823, 1831, 1841...

6° *Le Mois de la Sainte Enfance,* ou élévations à Dieu sur les mystères de la Sainte Enfance de N.-S. (Rusand), 1830, in-18 de 468 pages, 1836.

7° *Le petit Mois de la Sainte Enfance,* ou les premiers mystères de la vie de Notre-Seigneur présentés à la jeunesse (Rusand), 1833, in-18.

8° *L'Année du chrétien,* ou le chrétien sanctifié par la connaissance de Jésus-Christ... (Périsse), 1842, 1844, 6 vol. in-12.

« Il ne faut pas confondre cet ouvrage avec « L'Année chrétienne » de Letourneux (janséniste), laquelle est à l'Index (1). »

9° *Statuts généraux du diocèse de Verdun,* 1837.

10° *27 mandements,* lettres pastorales ou circulaires, ordonnances, de 1837 à 1844.

(1) Renseignement dû à l'obligence de M. L. Daix, archiviste diocésain de Paris.

Cantiques composés par M. Le Tourneur pendant qu'il était à Saint-Sulpice et à Saint-Thomas d'Aquin.

D'après les *Cantiques de Saint-Sulpice*, édition 1816, le *Manuel des petits séminaires de Mgr Dupanloup*, 1844 ; le *Recueil des cantiques* à l'usage des Frères des Ecoles chrétiennes, 1897 ; et les autres recueils à l'usage du diocèse de Verdun.

1° *Vous qu'en ces lieux combla de ses bienfaits...*
... Elle en mérite les prémices.
2° *Qu'ils sont aimés, grand Dieu, tes tabernacles...*
... A Jésus seul, j'appartiens sans retour.
3° *Allons parer le sanctuaire...*
... Voilà les dons que tu chéris.
4° *Permettras-tu que ton Œuvre périsse...*
... La foi triomphe, il n'est plus d'ennemi.
5° *Au saint berceau qu'entourent mille archanges...*
... Quelle leçon !
6° *Jésus Enfant, par une nuit obscure...*
... Jésus Enfant, pour toi, je veux mourir.
7° *Divine Enfance de Jésus...*
... Il a conservé l'innocence.
8° *Descends des Cieux, aimable modestie...*
... Fixe toujours l'amour et les regards.
9° *Quand l'eau sainte du baptême...*
... Mes chants vous béniront encore.
10° *Quel signe heureux, quel mystère ineffable...*
(six strophes).
11° *Nous qu'en ces lieux combla de ses bienfaits...*
... Et le Ciel sourit à la terre. (Il a été remanié.)
12° *Vers les collines éternelles...*
... Et j'ose implorer ton secours.

TABLE DES MATIÈRES

Pages
Approbation II
Préface V

PREMIÈRE PARTIE

Un Séminariste sous la Terreur.

Chapitre premier. — Les premières années de Jean Le Tourneur. — Il entre chez les Petits Clercs de Saint-Sulpice. — Le Séminaire au temps de M. Emery. — Commencements de la Révolution. — Les alertes et les arrestations à Saint-Sulpice. 31
Chapitre II. — La visite de M. Le Tourneur aux Carmes. — Le 2 septembre. — Les directeurs et séminaristes martyrs. — Danger que court le séminaire. — Les élèves sont dispersés. 24
Chapitre III. — Les prisons. — Belle conduite de M. Emery. — Le soin paternel qu'il prend de M. Le Tourneur. — L'auberge de la Vache Noire. — Ferveur des séminaristes 34
Chapitre IV. — M. Le Tourneur chez les Pères de la Foi. — Le collège de Belley. — M. Le Tourneur professeur. — L'expulsion. — Retour à Saint-Sulpice. 51
Chapitre V. — Le Séminaire menacé de suppression. — M. Emery et Napoléon. — Les condisciples de M. Le Tourneur. — Les catéchismes et ses premiers cantiques. — Le diaconat et la prêtrise. — Emouvants adieux. 56

DEUXIÈME PARTIE

M. Le Tourneur vicaire à Saint-Thomas d'Aquin. — Prédicateur. — Auteur d'ouvrages de piété. — Vicaire général de Soissons et doyen du Chapitre. — Chanoine titulaire de Notre-Dame de Paris.

Chapitre VI. — M. Le Tourneur vicaire à Saint-Thomas d'Aquin. Les prônes et les catéchismes. — Rapports du curé avec ses vicaires. — Prospérité de la paroisse 69

Pages

CHAPITRE VII. — Voyage à Rome de M. Le Tourneur avec M. de Simony. — Leurs impressions et leur piété 84

CHAPITRE VIII. — M. Le Tourneur se livre spécialement à la prédication. — Il est nommé prédicateur du roi. — Quelques mots sur ses principaux discours et sur ses ouvrages de piété. 90

CHAPITRE IX. — Relations de M. Le Tourneur avec M. de Lamennais. — A la Chesnaye. — Non pas disciple, mais ami. — Le Jubilé à Rennes 106

CHAPITRE X. — M. Le Tourneur vicaire général de Mgr de Simony. — Ses rapports cordiaux avec l'évêque. — Il est doyen du Chapitre. — Proposé pour l'épiscopat. 113

CHAPITRE XI. — Quelques mots sur les événements de 1830. — M. Le Tourneur appelé par Mgr de Quélen à prendre possession d'un canonicat vacant. — Il donne sa démission de vicaire général et doyen du Chapitre de Soissons. — Les stations de Versailles, Amiens, etc. — M. Le Tourneur est nommé évêque de Verdun. 122

TROISIÈME PARTIE

Monseigneur Le Tourneur évêque de Verdun.

CHAPITRE XII. — Mgr Le Tourneur visite le sanctuaire de Benoîte-Vaux avant de prendre possession de son siège. — Son premier mandement. — Son zèle pour la sanctification du clergé et des fidèles : retraites et missions. — Le jugement *des anciens* sur son administration. — L'évêque de Verdun est nommé assistant au Trône pontifical. 133

CHAPITRE XIII. — Restauration de Benoîte-Vaux. — Pèlerinage des Séminaristes. — La Famille de Nettancourt. — Les Séminaires. — La propriété de Glorieux. — La générosité de Mgr Le Tourneur, sa foi, sa charité et l'ensemble de ses vertus. . . . 137

CHAPITRE XIV. — Mgr Le Tourneur et l'éducation de l'enfance. — Fondation des Religieuses de Notre-Dame. 159

CHAPITRE XV. — Mgr Le Tourneur, inlassable prédicateur. — Son dernier mandement. — Sa mort, ses funérailles, son épitaphe. 164

PIÈCES JUSTIFICATIVES 171

Bar-le-Duc. — Impr. Saint-Paul. — 9029.1,26.

DU MÊME AUTEUR

M. Claude Rollet, *confesseur de la foi.* 1 vol. in-octavo, 2 portraits. — Prix : **7** fr.

J.-B. Etienne Bailly, *sous-diacre,* mort en odeur de sainteté. 1 vol. in-octavo. — Prix : **6** fr.

La Maison de charité de Bar-le-Duc. 1 vol. in-octavo. Prix : **3** fr.

Le Monastère des Clarisses de Bar-le-Duc. 1 volume in-octavo illustré. — Prix : **5** fr.